T

T
H

DAS KLIMAKOCHBUCH

KLIMAFREUNDLICH EINKAUFEN, KOCHEN UND GENIESSEN

KOSMOS

INHALTSVERZEICHNIS

DA HABEN WIR DEN SALAT!

PROBIER'S MAL MIT GEMÜTLICHKEIT!

BITTE AUSLÖFFELN!

NICHTS ANBRENNEN LASSEN!

GEMEINSAM ISST MAN WENIGER ALLEIN!

SÜSSER NACHGESCHMACK

EIN WEGWEISER DURCH DIE REZEPTE-LANDSCHAFT

Vegan, saisonal, regional: Jeder kann hier selbst entscheiden, wo der Klimaschutz in der eigenen Küche beginnen soll. Die Rezepte-Labels weisen dabei den Weg. Was über die Zutatenliste hinaus sonst noch beachtet werden sollte, hier auf einen Blick.

GEMEINSAM ISST MAN WENIGER ALLEIN

Alle Rezepte sind auf 4 Personen zugeschnitten. Warum das Klimakochbuch kein Single-Kochbuch ist, verraten „Die Retter der Tafelrunde" auf S. 76/77.

BESSER MIT BISS

Wir empfehlen, immer frische Kräuter und hochwertige Pflanzenöle zu verwenden. Generell gilt: Wenig verarbeitete Lebensmittel wie z. B. Vollkornprodukte und eine schonende Zubereitung sind gut fürs Klima und gesund.

RAFFINIERT OHNE ZUCKER

Weißer, raffinierter Zucker wird unter hohem Energieaufwand hergestellt. Roh-Rohrzucker, Honig, Sirup und Dicksäfte sind gesunde und klimafreundliche Alternativen.

ES GEHT AUCH OHNE

Bei vielen Rezepten bieten wir Alternativen zu tierischen Produkten an. Doch auch wo es nicht ausdrücklich steht: Es lohnt sich, Soja, Seitan, Lupine & Co. als Ersatz auszuprobieren.

R **Regionale Rezepte** Nur echt mit Heimatfeeling! Traditionelle Spezialitäten, zubereitet mit saisonalen, lokalen Produkten – von Haus aus klimafreundlich.

S **Saisonale Rezepte** Es kommt aufs Timing an! Obst und Gemüse vom (Bio-)Bauern in der Umgebung haben ausgiebig Sonne getankt, sind frisch und gesund. Mit der Saisontabelle (S. 116/117) nie wieder den richtigen Zeitpunkt für reife Tomaten und Erdbeeren verpassen!

V **Vegane Rezepte** Tierisch lecker ohne Tier. Je weniger Fleisch und andere Tierprodukte auf dem Teller landen, desto besser ist das für unser Klima. Das heißt vor allem, alte und neue Zutaten (wieder) zu entdecken.

E **EINHORN Rezepte** Für klimabewusste Sterneköche! EINHORN CATERING steht in einer langen ökologischen Tradition. Die Speisen für Veranstaltungen und Restaurants werden in einer modernen und energieeffizienten Produktionsküche täglich frisch zubereitet. Was nicht vegetarisch ist, ist meist Bio – dazu gehören das Brot aus Kreuzberg ebenso wie die ausgezeichneten Olivenöle aus Griechenland.

VORWORT

Vegane Starköche, foodsharing-Initiativen und Selbstversorgergemeinschaften sprießen allerorts aus dem Boden. Wird unsere Ernährung jetzt endlich klimafreundlich? Seit das Klimakochbuch im Jahr 2009 erstmals erschienen ist, hat sich zweifelsohne viel getan. Damals lenkte unser Buch eine fast nur von Experten geführte Debatte erstmals dorthin, wo sie tatsächlich stattfinden muss. Nämlich in die Kochbuchabteilungen des Buchhandels und von dort weiter in die Küchen vieler Tausend begeisterter Leser.

Die Botschaft war und ist einfach: Unsere Ernährung hat einen gewichtigen Einfluss auf das Klima und jeder Einzelne kann daran etwas ändern. Gerade weil es so einfach ist, selbst aktiv zu werden, wurde unsere Botschaft von einer Vielzahl deutscher und sogar internationaler Medien begeistert begrüßt. Anders als in vielen anderen Bereichen des Klimaschutzes lässt sich hier mit Genuss, Neugierde und sogar mit allen Sinnen ein Beitrag leisten.

So fand das Klimakochbuch – ursprünglich als Idee einer kleinen Gruppe ehrenamtlicher, kochwütiger Klimafreunde gestartet – immer mehr Fans. Schüler, Azubis, Studierende, Lehrerinnen und Lehrer wünschten Fortbildungen zum Thema, den Medien standen wir in Interviews zur Verfügung, im Rahmen eines großen Carrot Mobs in der Markthalle IX in Berlin wurde für nachhaltigen Konsum gekocht und schließlich veröffentlichten wir Unterrichtsmaterialien, da wir nicht alle Anfragen von Schulen bewältigen konnten.

Wozu brauchen wir eigentlich noch das Klimakochbuch, wenn wir schon so viel erreicht haben, der Trend wieder zum Selbermachen geht, vegan hip ist und immer mehr Lebensmittelmarken mit Regionalität werben? Hand aufs Herz: Billig, schnell und vor allem fleischlastig geht es in vielen Küchenstuben immer noch überwiegend zu, egal ob zu Hause oder im Restaurant. Und selbst Sackgassen, wie die verkorkste Geschichte vom Pflicht-Veggieday, geben uns Recht. Der

Schlüssel zum Erfolg einer klimafreundlichen und nachhaltigen Ernährung muss Begeisterung und Lust auf Neues heißen! Das Klimakochbuch ist gerade deshalb so aktuell wie nie. Diese Neuauflage ist sogar noch aktueller! Mit neuen Rezepten, generalüberholtem Zahlenwerk und dem Geleit von höchst offizieller Stelle, der Bundesumweltministerin Dr. Barbara Hendricks.

Viel Spaß beim Kochen!

Die Klimaköche

Julia Balz, Jenny Blekker, Boris Demrovski, Judith Keller, Jan Lohr, Christian Noll und Christoph Zinsius

Liebe Hobbyköchinnen und Hobbyköche,

der Klimaschutz ist eine der großen globalen Herausforderungen unserer Zeit. Nur mit weltweiten ambitionierten Anstrengungen zur Minderung von Treibhausgasemissionen können wir den Klimawandel und seine Folgen kontrollieren und aufhalten. Das gemeinsame Ziel muss sein, die Erderwärmung auf ein erträgliches Maß für das Leben auf unserem schönen Planeten zu begrenzen. Die Bundesregierung sieht sich hier selbstverständlich in der Pflicht. Wir arbeiten intensiv daran, unsere Klimaschutzbemühungen auf nationaler, europäischer und internationaler Ebene weiter zu verstärken.

Klimaschutz ist aber nicht nur eine Aufgabe der Politik, sondern geht alle an. Er verlangt vor allem, Verantwortung für die heutigen und künftigen Generationen zu übernehmen, lokal, regional, national und global. Die junge Generation spielt eine entscheidende Rolle: Sie wird die Auswirkungen des Klimawandels künftig noch viel stärker zu spüren bekommen als wir heute. Ohne das Engagement der jungen Generation werden wir den Klimawandel sicher nicht erfolgreich bremsen können. Das Ermutigende für alle ist, dass wir auch mit vielen kleinen Maßnahmen eine große Wirkung erzielen können, wenn wir gemeinsam und zielorientiert handeln. Das zeigen wir mit unserer Kampagne „Zusammen ist es Klimaschutz" (#ziek) und machen deutlich, dass es viele Möglichkeiten gibt, Gewohnheiten im Alltag zu verändern, zum Beispiel das Fahrrad zu nehmen, anstatt mit dem Auto zu fahren, die Heizung nicht immer auf die höchste Stufe zu drehen, richtig zu lüften oder auch die eigenen Essgewohnheiten auf ihren Klimabeitrag hin zu überprüfen.

Deshalb freue ich mich, dieses Kochbuch vorzustellen. Hier finden sich einfache Rezepte und Tipps, mit denen sich klimaschonend kochen und gut essen lässt. Unsere Essgewohnheiten verursachen einen erheblichen Teil der Treibhausgasemissionen in Deutschland. Das bedeutet, dass jeder einen Beitrag zur Minderung leisten kann, indem zum Beispiel möglichst saisonal eingekauft wird und wo immer möglich auch regionale Produkte bevorzugt werden. Damit können ein großer Teil der Transportwege und die damit einhergehenden Treibhausgasemissionen vermieden werden. Durch das regionale Einkaufen schützen wir nicht nur unser Klima, sondern tragen auch zur Existenzsicherung von kleinen Betrieben und zur Wertschöpfung in der Region bei. Selbstverständlich kann der Kauf von Bioprodukten ein Beitrag zum Klimaschutz sein, denn ökologische Landwirtschaft führt zu weniger Treibhausgasemissionen als die konventionelle Erzeugung.

Das Klimakochbuch lädt mit diesen und vielen weiteren guten Ideen und Anregungen zum Nachkochen, Nachdenken und Genießen und zu einem aktiven Klimaschutz ein. Ich wünsche Ihnen dabei viel Vergnügen!

Dr. Barbara Hendricks
Bundesministerin für Umwelt, Naturschutz, Bau und Reaktorsicherheit

10 TIPPS

für eine klimafreundliche Ernährung

1 Klasse statt Masse: weniger Fleisch, Milch, Eier und Butter und dafür Bio-Qualität.

2 Biolebensmittel kaufen.

3 Saisonales Obst und Gemüse kaufen.

4 Lebensmittel von regionalen Erzeugern kaufen.

5 Gering verarbeitete Lebensmittel bevorzugen.

6 Aufs Auto verzichten und zu Fuß oder mit dem Rad einkaufen gehen.

7 Auf Ökostrom umsteigen und CO_2-Emissionen vermeiden.

8 Energieeffiziente Haushaltsgeräte sparen Geld und Strom.

9 Freunde einladen: Für viele kochen und CO_2 sparen.

10 Weniger Lebensmittel wegwerfen und Reste verwerten.

Verschwenderische Konsumenten verursachen bis zu 15 Tonnen CO_2-Äquivalente pro Kopf und Jahr. Der deutsche Durchschnitt liegt bei 10 bis 11 Tonnen.

Quelle: Wuppertal Institut 2000

AUF WIEDERSEHEN IM SCHLARAFFENLAND?

Weltweit steigen mit dem Wohlstand auch die Ansprüche an Lebens- und Ernährungsstile. Gleichzeitig beginnt in den gesättigten Wohlstandsbäuchen ein ungutes Gefühl zu drücken: Täglich Fleisch essen und alles überall zu jeder Jahreszeit billig kaufen können – wie lange kann das gut gehen?

Klimawandel – ein Vorgeschmack

Der menschengemachte Klimawandel droht die Lebensbedingungen auf der Erde so auf den Kopf zu stellen, wie es bis jetzt nur massive Naturkatastrophen, Vulkanausbrüche oder Asteroideneinschläge getan haben – lange bevor es uns Menschen überhaupt gab.
Wir haben es in nur 200 Jahren geschafft, für die Annehmlichkeiten der Moderne unglaubliche Mengen Öl, Kohle und Erdgas aus der Erdkruste zu holen. Mit dem Verheizen dieser Rohstoffe für Stromerzeugung, Verkehr, Wärme und industrielle Produktionsprozesse (auch von Lebensmitteln) gelangt immer mehr Kohlendioxid (CO_2) in die Atmosphäre. Dort kommen CO_2 und andere Treibhausgase schon seit Urzeiten ganz natürlich vor. Ohne sie wäre die Erde ein kalter, grauer Planet. Sie halten die Wärme, die durch die Sonneneinstrahlung auf die Erde gelangt, in der Atmosphäre. Die zurzeit stattfindende, menschengemachte Vermehrung dieser Teilchen jedoch bringt die Erde kräftig ins Schwitzen. Die Wärme staut sich verstärkt in der Atmosphäre – mit krassen Folgen: Die Pole, der Grönlandeisschild und die Gletscher der Hochgebirge schmelzen ab und lassen den Meeresspiegel ansteigen. Wetterextreme werden sehr wahrscheinlich häufiger. Während Teile der Welt mit Flutkatastrophen kämpfen, herrscht anderenorts Dürre. Vor allem in Erdteilen, in denen Nahrungsmittel ohnehin knapp sind, werden die Menschen besonders stark betroffen sein.

Literatur- und Surftipps zum Klimawandel gibt es auf S. 118.

Der bittere Nachgeschmack

Jeder Mensch in Deutschland verursacht im Jahr einen Ausstoß von Treibhausgasen, der der Wirkung von 10–11 Tonnen CO_2 (CO_2-Äquivalente) entspricht. Doch nicht nur Stromverbrauch, Wärmenutzung und Verkehr heizen dem Planeten ein. Auch die Ernährung schlägt in der Gesamtrechnung mit fast 1,5 Tonnen zu Buche. In Ackerbau und Viehwirtschaft entstehen neben CO_2 große Mengen der Klimagifte Methan und Lachgas. Für Äcker und Viehweiden werden außerdem in großem Stil Regenwälder und andere natürliche Ökosysteme zerstört. Ihre Fähigkeit, CO_2 zu binden, wird zerstört. So bestimmt vor allem der hohe Anteil tierischer Produkte auf unseren Tellern die Klimabilanz unserer Ernährung stark. Neben der Erzeugung von Lebensmitteln spielen auch Weiterverarbeitung, Transport, Lagerung und Zubereitung mit elektrischen Geräten und die Entsorgung der Abfälle eine wichtige Rolle. Aber nicht nur der Klimawandel, sondern auch andere globale Probleme, wie der Zugang zu sauberem Trinkwasser, Umwelt- und Gesundheitsschäden durch Pflanzenschutzmittel und Überdüngung sowie das Thema Gentechnik, sind untrennbar mit unserer Ernährung verbunden. Der bittere Nachgeschmack des globalen „Tischlein-deck-dich-Spiels" ist schon jetzt zu spüren.

Klimaschutz – keine Geschmacksfrage

Es lässt sich nicht abstreiten, dass unser Ernährungsverhalten ein Teil des Problems ist. Aber kann die Art, wie wir uns ernähren, auch Teil der Lösung sein? Können und sollten wir also einigermaßen zuversichtlich aufwachen und anfangen, den Klimawandel kleinzukochen? 2 Tonnen CO_2-Äquivalente dürfte jeder Mensch pro Jahr maximal verursachen, um das Klima im Gleichgewicht zu halten. In Deutschland verursacht jeder Bürger allein für seine Ernährung bereits 1,5 Tonnen. In ärmeren Ländern wie z. B. Indien verursacht ein Mensch für seinen gesamten Lebensstil im Durchschnitt (bislang) etwa 1,6 Tonnen – Tendenz leider steigend.

Der Lebensstil in den wohlhabenden Industrieländern ist also im globalen CO_2-Vergleich nicht nur ungerecht, sondern auch ein verdammt schlechtes Vorbild! Die Lage ist so delikat, dass einem leicht der Appetit vergehen kann. Dabei muss für kulinarische Klimaschützer keinesfalls die „Sauregurkenzeit" anbrechen. Ganz im Gegenteil: klimafreundlicher Genuss eröffnet neue, vielfältige Geschmackserlebnisse. Globalisierte Einfalt war gestern. Die Zukunft gehört regionaler und saisonaler Vielfalt.

Christian Noll

Auf dem Weg zu einem klimabewussten Lebensstil zählt – neben Flugverzicht, sparsamem Heizen und effizienten Haushaltsgeräten – auch die persönliche Ernährungswende. Ein CO_2-Fußabdruck von 5 Tonnen pro Kopf und Jahr ist möglich.

Quelle: Wuppertal Institut, 2006

DA HABEN WIR DEN SALAT!

Wintersalat mit Postelein und Topinambur

1 Aus Zitronensaft, Sesamöl, Gewürzen und Honig eine Salatsauce anrühren. Den Postelein waschen, trocken schleudern und die Blätter von den Stielen zupfen. **2** Die Topinambur-Knollen waschen und die Erde abbürsten. Möhren schälen, den Apfel waschen und entkernen. Alles auf einer Küchenreibe fein raspeln. Sofort mit der Salatsauce mischen, sonst wird das Gemüse braun. Postelein vorsichtig unterheben. **3** Den Salat auf Tellern anrichten und mit Kresse oder frischen Sprossen garnieren. Wer dem Salat noch einen intensiveren Geschmack geben möchte, kann ihn mit einer fertigen Gewürz-Blüten-Mischung bestreuen.

Postelein und Topinambur sind zwei Exoten, die ursprünglich aus Amerika nach Europa kamen. Unempfindlich gegen Frost, gedeihen sie aber auch bei uns sehr gut und sind heute wieder ein beliebtes Wintergemüse. Postelein enthält viel Vitamin C und Eisen und ist deshalb ideal für Vegetarier. Die Topinambur-Knolle schmeckt roh oder gekocht und enthält den Mehrfachzucker Inulin. Deshalb ist sie auch für Diabetiker gut geeignet.

Saft von 2 Zitronen
4 EL Sesamöl
Salz, Pfeffer
1 TL Honig oder Zuckerrübensirup
200 g Postelein (Tellerkraut)
3–4 dicke Topinambur-Knollen
2 große Möhren
1 Apfel
frische Kresse oder Sprossen zum Garnieren
1 EL Gewürz-Blüten-Mischung

20 Min. Zubereitung

V S R

KRÄUTER UND ESSBARE BLÜTEN

Mehr über Kräuter und essbare Blüten unter „Liebe aus dem Einmachglas“ auf S. 113.

Gewürz-Blüten-Mischungen gibt es im Bio-Laden oder im Reformhaus fertig zusammengestellt zu kaufen. Besser für das Klima und intensiver im Geschmack sind natürlich frische Sprossen, Kräuter und Blüten, die man zu Hause ganz einfach selbst ziehen kann. Im Winter eignen sich vor allem Kresse und Sprossen, die auch auf dem Fensterbrett in der Küche gedeihen. Im Frühling kann man auf dem Balkon oder im Garten Kräuter und feine Blattsalate wie Rauke aussähen und den ganzen Sommer über ernten. Viele Kräuter, Gemüse und Blumen haben außerdem essbare Blüten. Borretsch-„ Gurken- und Zucchiniblüten, aber auch Ringelblumen, Kapuzinerkresse, Veilchen, Blütenblätter von Sonnenblumen, Malven, Taglilien, Dahlien, Rosen, Huflattich und Johanniskraut schmecken gut und sind eine besonders schöne Dekoration für jedes Gericht.

Feldsalat mit Ziegenkäse

200 g Ziegenkäse (kleine Rolle)
4 TL Tannenhonig
1 Zweig frischer Rosmarin
200 g Feldsalat
3 EL Walnussöl
2 EL weißer Balsamico
Salz, Pfeffer, Zucker
20 Min. Zubereitung
ca. 12 Std. Ruhezeit

1 Die Ziegenkäse-Rolle in Scheiben schneiden und auf einer Platte auslegen. Den Honig leicht erwärmen, bis er schön dünnflüssig ist. Mit Rosmarin und Pfeffer verrühren und vorsichtig über den Ziegenkäse-Scheiben verteilen. Über Nacht abgedeckt im Kühlschrank durchziehen lassen. **2** Den Salat waschen, trocken schleudern und putzen. Aus Walnussöl, Balsamico, Salz, Pfeffer und etwas Zucker ein Dressing anrühren. **3** Den Salat mit den Ziegenkäse-Scheiben anrichten und mit dem Dressing übergießen.

Feldsalat hat von September bis April Saison. Er enhält viel Vitamin C sowie Baldrianöl, das beruhigend auf den Magen wirkt. Damit die gesunden Inhaltsstoffe nicht herausgewaschen werden, sollte man ihn nur kurz mit kaltem Wasser waschen.

S **R**

Römischer Salat mit Sardellen

400 g Romana-Salat
3 Scheiben Vollkornbrot
2 große Sardellenfilets
Saft von 1 Zitrone
1 Knoblauchzehe, 1 Eigelb
1 EL Rotweinessig
1 TL Senf, Worcestersauce
Pfeffer, Salz, 4 EL Olivenöl
50 g frischer Parmesan
25 Min. Zubereitung

S

1 Den Salat waschen, trocken schleudern und in mundgerechte Stücke zupfen. Für die Croûtons das Brot in kleine Würfel schneiden und in einer Pfanne mit Öl goldbraun rösten. **2** Die Sardellen mit einer Gabel fein zerdrücken und die Zitrone auspressen. Den Knoblauch schälen und fein hacken. **3** Das Eigelb mit einem Schneebesen aufschlagen, Zitronensaft, Essig, Senf, etwas Worcestersauce, Pfeffer und Salz zufügen. Das Öl unter ständigem Rühren zugießen, bis die Sauce leicht sämig wird.
Mit den Sardellen verrühren und abschmecken. Den Salat mit der Sauce mischen, mit Croûtons und frischem Parmesan bestreut servieren.

Rettich-Matjes-Salat

200 g Matjesfilets
4 runde, weiße Rettiche
1/2 Bund Dill
1/2 Bund Schnittlauch
1 Bund Petersilie
2 Tomaten, 1/2 Salatgurke
2 TL Sojasahne
je 2 TL Senf u. Meerrettich
2 rote Chilischoten
1 Knoblauchzehe
Salz, Pfeffer, Honig
25 Min. Zubereitung

S R

1 Die Matjes-Filets in feine Streifen schneiden oder würfeln. Rettiche schälen, in Scheiben schneiden und stifteln. Die Kräuter waschen und fein hacken. Tomaten und Gurke waschen und fein würfeln. **2** Die Sojasahne mit Senf und Meerrettich verrühren. Chilischoten entkernen, den Knoblauch schälen und beides fein hacken. Unter die Sahne mischen und mit Salz, Pfeffer und Honig abschmecken. **3** Vorsichtig mit den vorbereiteten Zutaten mischen und mit den frischen Kräutern bestreut servieren.

Die Heringsbestände in der Ostsee und im Nordost-Atlantik sind nach wie vor stabil und müssen nicht durch Zucht in Aquakulturen ergänzt werden. Beim Einkauf im Supermarkt kann man sich vor allem auf die Empfehlungen des Greenpeace-Fischratgebers mit Infos zu über 100 Speisefischarten verlassen. Praktisch: Den Ratgeber gibt es auch als Smartphone-App.

Kreuzberger Vorspeisenteller

1 Für das Baba Ghanoush die Auberginen putzen, der Länge nach halbieren und im Backofen bei 200 °C ca. 30 Minuten backen. Nach dem Abkühlen lässt sich die Haut einfach abziehen. Das Fruchtfleisch mit einer Gabel zerdrücken oder pürieren. Knoblauch schälen und fein hacken, mit Sesampaste, Zitronensaft, Öl und Salz vermischen und noch einmal pürieren.

2 Für das Taboulé 200 ml Wasser mit etwas Öl und Salz aufkochen. Vom Herd nehmen und den Couscous einrühren. Ziehen lassen, bis der Couscous abgekühlt ist. Mit einer Gabel auflockern und in eine Schüssel geben. Die Gurke schälen, wie die Tomaten entkernen und in kleine Stücke schneiden. Petersilie und Minze waschen, Zwiebel schälen und alles fein hacken. Mit dem Couscous vermengen. Mit Zitronensaft, Salz, Pfeffer und Olivenöl abschmecken. Gut vermischen und 30 Minuten ziehen lassen. Noch einmal abschmecken.

3 Für das Hummus die Kichererbsen 24 Stunden in kaltem Wasser einweichen; nach 12 Stunden das Wasser austauschen. Mit ca. 400 ml Wasser (1,5-fache Menge) in einem Topf erhitzen. Zwiebel und Knoblauch schälen und dazugeben. Erbsen ca. 60 Minuten kochen, bis sie weich sind, Schaum regelmäßig abschöpfen. Währenddessen die Petersilie waschen und fein hacken. **4** Das Wasser in ein Gefäß abgießen und beiseitestellen. Die Kichererbsen mit einer Gabel zerdrücken und mit Tahina, Öl, Zitronensaft, Gewürzen und Petersilie vermengen. Noch einmal pürieren und abschmecken. Konsistenz nach Bedarf mit dem Kochwasser verdünnen.

Baba Ghanoush

2 Auberginen (ca. 1 kg)
2 EL Sesampaste (Tahina)
3 Knoblauchzehen
Saft von 1 Zitrone
1 EL Olivenöl
1 TL Salz
10 Min. Zubereitung
30 Min. Backzeit

Taboulé

200 g Couscous
1 Gurke
5 Tomaten
2 Bund Blattpetersilie
1 Bund Minze
1/2 rote Zwiebel
Saft von 2 Zitronen
Salz, Pfeffer, Olivenöl
15 Min. Zubereitung

V

Hummus

1/2 Packung Kichererbsen (ca. 250 g)
1 Zwiebel
4 Knoblauchzehen
1/2 Bund Petersilie
4 EL Sesampaste (Tahina)
1 EL Olivenöl
Saft von 1 Zitrone
Salz, Pfeffer, Kreuzkümmel
75 Min. Zubereitung
24 Std. Einweichzeit

Kartoffel-Bärlauch-Salat mit Mini-Buletten

Kartoffelsalat

400 g kleine, vorwiegend festkochende Kartoffeln (z. B. Bamberger Hörnchen, La Ratte oder Violetta)
2 Schalotten
1–2 EL Essig, 3–4 EL Rapsöl
Salz, Pfeffer
1 TL Senf
1 TL Crème fraîche
2 Bund Bärlauch

40 Min. Zubereitung
2–3 Std. Kühlzeit

Buletten

je 250 g Bio-Hackfleisch (Schwein u. Lamm)
4 Scheiben Weißbrot
100 ml Milch
2 Eier
2 Schalotten od. Zwiebeln
2 Knoblauchzehen
2 EL Senf
Pinienkerne
gehackte Petersilie
Thymian
Salz, Pfeffer
Semmelbrösel
Rapsöl zum Braten

30 Min. Zubereitung

R E

1 Für den Kartoffelsalat die Kartoffeln waschen und in Salzwasser bissfest garen. Aus Essig, Öl, Salz, Pfeffer, Senf und Crème fraîche eine Salatsauce herstellen. Den Bärlauch waschen und in feine Streifen schneiden. Die Schalotten schälen und fein würfeln. **2** Kartoffeln etwas abkühlen lassen, schälen und in gleichmäßige Spalten schneiden. Noch lauwarm mit Bärlauch und Salatsauce mischen. Für einige Stunden kalt stellen und gut durchziehen lassen.

3 Das Fleisch vom Metzger frisch durchdrehen lassen. Das Weißbrot ohne Rinde in lauwarmer Milch einweichen, ausdrücken und mit dem jeweiligen Fleisch, den Eiern, der gehackten Zwiebel, Knoblauch, Senf und den passenden Gewürzen (Pinienkerne und Petersilie für das Schwein, Thymian für das Lamm) zu einem nicht allzu festen Teig verarbeiten und abschmecken. Ist der Fleischteig zu weich, Semmelbrösel hinzufügen. **4** Kleine Buletten daraus formen und in Rapsöl von beiden Seiten langsam ausbraten. Mit dem Kartoffelsalat servieren.

Hackfleisch ist die Grundlage vieler schneller und unaufwendiger Speisen. Es unterliegt bei Herstellung und Verkauf strengen Hygiene-Verordnungen, da es sehr empfindlich ist, was seine Lagerung und Haltbarkeit betrifft. Das Hackfleisch muss immer am selben Tag verarbeitet werden, an dem es gekauft wurde.

Erdbeer-Spargel-Salat

500 g Erdbeeren
Zucker
1 EL rosa Pfeffer
Rapsöl zum Braten
500 g grüner Spargel
1 Bund Rucola
2 EL weißer Balsamico
Saft von 1/2 Zitrone
1 Handvoll gehobelte Mandeln
ca. 2 TL Honig oder Löwenzahnsirup
25 Min. Zubereitung

V S

1 Die Erdbeeren waschen, Stiele entfernen. Früchte halbieren und leicht zuckern. Pfeffer im Mörser zerstoßen mit 1 EL Balsamico zu den Erdbeeren geben und ziehen lassen. **2** Den Spargel am unteren Ende über den Daumen hinweg abbrechen, waschen und in mundgerechte Stücke schneiden. Bei mittlerer Hitze in der Pfanne mit etwas Öl anbraten. Honig dazugeben und mit 1 EL Balsamico und Zitronensaft ablöschen. **3** Den Rucola waschen, trocken schleudern und mit Erdbeeren und Spargel auf einer Platte anrichten. Balsamico-Sud darübergießen und Mandeln darüberstreuen.

Weißer Bleichspargel ist in Deutschland bisher marktbeherrschend, während Grünspargel häufig nur auf kleineren Teilflächen angebaut wird. Insgesamt sind Anbau und Ernte von Grünspargel etwas weniger aufwendig.

Erdbeeren und Spargel haben beide im Mai und Juni Saison. Für den Rest des Jahres liefert der Saisonkalender am Ende des Buches reichlich Inspiration. Im Sommer schmecken Johannisbeeren und frische Minze zu einem Salat mit Sojacreme-Dressing, im Herbst bieten sich Weintrauben und Nüsse an.

SCHNITZELJAGD

DIE KLIMAZWIEBEL

„Ich hab kein CO_2 bestellt." Ja, das stimmt – und doch stecken im Essen ganz viele Treibhausgase. Denn jedes Lebensmittel hat, vom Weizenkorn auf dem Acker bis zur Nudel auf dem Teller, Anbau, Ernte, Verarbeitung, Transport und Lagerung hinter sich. Dabei entstehen auf unterschiedliche Weise Treibhausgase. Die Stationen eines Lebensmittels auf dem Weg in die Küche kann man mit den Schichten einer Zwiebel vergleichen. Je nachdem, um welches Lebensmittel es sich handelt, sind die einzelnen Schichten und damit die „Klimazwiebel" unterschiedlich dick. Schälen wir doch einfach beispielhaft eine Klimazwiebel, um zu erkennen, an welcher Stelle der eigenen Ernährung wir überhaupt einen Unterschied machen können.

Mehr dazu auf S. 50 unter „Mein Haus, mein Auto, mein Steak!" und auf S. 34 unter „Bio-Lebensmittel gut fürs Klima, besser für alle"

Was essen wir heute?

Keine Angst, hier soll niemandem die Lieblingsspeise vermiest werden. Aber manche Lebensmittel sind einfach klimaschädlicher als andere: Der Anbau von Obst und Gemüse und die Erzeugung von Brot und Nudeln verursachen deutlich weniger Treibhausgase als die Produktion von Fleisch und Milchprodukten: Gemüse verursacht etwa 150 g CO_2-Äquivalente pro kg und Rindfleisch ca. 13.500 g pro kg. Vor allem sehr fetthaltige Milchprodukte wie Butter, Sahne und Käse, für deren Herstellung besonders viel Milch benötigt wird, haben eine schlechte Klimabilanz.

Lebensmittel aus kontrolliert-biologischem Anbau schneiden gegenüber ihren konventionell hergestellten „Verwandten" besser für das Klima ab. Vor allem bei Rindfleisch, Kartoffeln und Tomaten sind die Unterschiede erheblich: Rindfleisch aus ökologischer Haltung verursacht etwa 15 % weniger Treibhausgas-Emissionen als herkömmliches Rindfleisch – bei Kartoffeln und Tomaten beträgt der Unterschied sogar fast 30 %.

Wie kommt das Essen zu uns?

Den Anbaubetrieb in Südspanien und den deutschen Supermarkt trennen viele Autobahnkilometer, die meist mit Lkw zurückgelegt werden. Trotzdem machen in der Gesamtbilanz die Transportwege einen relativ kleinen Teil aus: Durchschnittlich 3 bis 15 % der Treibhausgas-Emissionen werden durch den Transport verursacht. Das gilt aber nicht für Lebensmittel, die mit dem Flugzeug transportiert wurden, wie etwa reife Mangos. Sie belasten das Klima weitaus stärker. Leider sieht man den Lebensmitteln das Transportmittel nicht an.

Aber wie kommt die Ware möglichst klimafreundlich vom Laden in die Küche? Wer den Weg zum (Super-)Markt mit dem Fahrrad oder zu Fuß zurücklegt, tut nicht nur seiner Gesundheit, sondern auch dem Klima etwas Gutes. Großeinkäufe mit dem Auto sind dagegen besonders klimaschädlich. Auch weil haltbar gemachte Lebensmittel, die man in großen Mengen auf Vorrat kauft, meistens mit viel Energie verarbeitet wurden.

Wie sieht es in der Küche aus?

In der Küche sind wir bei den letzten Schichten der Zwiebel angelangt. Hier entscheidet sich, ob alle bisherigen Bemühungen, das Klima zu schonen, sich gelohnt haben. Wer Haushaltsgeräte benutzt, die nicht energieeffizient sind, oder unnötig viele Geräte im Einsatz hat, der verschleudert beim Zubereiten und Lagern vielleicht mehr CO_2, als er durch einen bedachten Einkauf gespart hat.

Auch wenn die letzte Schale der Zwiebel so noch in keiner Statistik auftaucht: Lebensmittelabfälle, Verpackung und Wiederverwertung tragen ebenfalls deutlich zur Klimabilanz von Lebensmitteln bei.

Auch durch Resteverwertung und Müllvermeidung kann man das Klima schonen. Mehr dazu auf S. 101 und S. 114.

Keine Zwiebel gleicht der anderen

Wie viele Treibhausgase genau in einer Mahlzeit stecken, lässt sich nicht einfach mit dem Messbecher oder der Küchenwaage bestimmen. Auf den folgenden Seiten werden für eine Bolognese-Sauce die Treibhausgas-Emissionen von Zutaten und Zubereitung abgeschätzt – mal vegan, mal mit Fleisch. Basis dafür ist eine Datenbank, die beispielhafte Berechnungen für einzelne Lebensmittel enthält. Um die genaue Emissionsbilanz eines Produkts zu ermitteln, müsste jede einzelne Schicht der Zwiebel genau zurückverfolgt werden. Eine so detaillierte Abschätzung der Klimabilanz jeder einzelnen Mahlzeit ist aber nicht nur viel zu aufwendig – sie ist auch gar nicht nötig. Am wichtigsten für den Klimakoch ist zu wissen, an welcher Stelle seiner Ernährung er einen entscheidenden klimafreundlichen Unterschied machen kann.

Mehr zum Thema Transport verrät der Artikel „Zur richtigen Zeit, am besten zu Fuß“ auf S. 48.

Julia Balz

ZAHLENSPIELE

Die Klimazwiebel der Gemüse-Soja-Bolognese (S. 59) ist nur halb so groß wie die der klassischen Hackfleischsauce. Auf dem Gasherd und mit ausschließlich ökologischen Zutaten gekocht, hätte das vegane Gericht sogar 3-mal weniger Treibhausgase als die Hackfleischvariante.

Spaghetti mit Fleisch-Bolognese
500 g Pasta 0,453 kg
1 kg Tomaten 0,326 kg
Hackfleisch (200 g Rind, 200 g Schwein) 3,303 kg
Kochen auf dem E-Herd 0,576 kg
2 Zwiebeln 0,030 kg
~4,81 kg*
0,050 g Olivenöl 0,044 kg
1/2 Tube Tomatenmark 0,025 kg
2 Möhren 0,030 kg
1/5 Sellerieknolle 0,022 kg
* kg CO2-Äquivalente / Berechnung U. Eberle

BIO-LEBENSMITTEL – GUT FÜRS KLIMA, BESSER FÜR ALLE

Bio-Produkte sind in fast allen Supermärkten erhältlich und können gut durch das Bio-Siegel erkannt werden. Das größte Angebot und die beste Beratung gibt es allerdings im Naturkostfachhandel: im Bioladen um die Ecke oder in Bio-Supermärkten. Da dort bereits über 70.000 Produkte im Angebot sind, bekommt man selbst für ausgefallene Rezepte fast alle Zutaten in Bio-Qualität.

Wie trägt Bio zum Klimaschutz bei?

Im ökologischen Landbau wird auf energieintensiv hergestellte Kunstdünger und synthetische Pflanzenschutzmittel verzichtet. Stattdessen wird organischer Dünger (Kompost oder Mist) verwendet, was die Bodenqualität verbessert. Das ist nicht nur energiesparend, sondern schützt auch das Grundwasser und die Vielfalt von wild lebenden Pflanzen- und Tierarten. Fruchtbarer Boden kann mehr CO_2 aus der Atmosphäre binden (ca. 12–15 %) und der Energieaufwand im ökologischen Pflanzenbau ist bis zu 60 % geringer als in der konventionellen Landwirtschaft. Der Vorsprung in der Energiebilanz wird allerdings durch geringere Erträge wieder gemindert, alle anderen Vorteile für die Umwelt sind aber garantiert.

Schlechtes Klima aus dem Stall?

Auch die Produktion von Biofleisch ist sehr emissionsintensiv. Allerdings dürfen dafür Futtermittel nicht importiert werden. Das ist bei konventionell gehaltenen Tieren gang und gäbe und verschlechtert die Klimabilanz. Für Biofleisch spricht außerdem die artgerechte Haltung der Tiere – Massentierhaltung gibt es hier nicht – und die Aufzucht ohne Medikamente und Hormone. Wenn es also ab und zu Fleisch sein soll, dann spricht vieles für hochwertiges in Bio-Qualität. Das schmeckt nicht nur besser und schrumpft in der Pfanne nicht zusammen, sondern kann auch mit besserem Gewissen genossen werden.

Bio vom anderen Ende der Welt?

Bio-Lebensmittel werden in Deutschland immer beliebter, doch im Vergleich dazu stagnieren die Anbauflächen für Bio-Lebensmittel in Deutschland oder gehen in manchen Regionen sogar zurück. Viele kleine Bio-Bauern können mit Billigpreisen für importierte Bio-Produkte oder mit der Konkurrenz durch große Bio-Höfe in Deutschland schwer mithalten. Das bedeutet: Auch bei Bio auf die Herkunft achten und vom Hof des Vertrauens kaufen.

Bio für alle?

Ökolandbau und die ausreichende Ernährung der Weltbevölkerung werden oft als Widerspruch gesehen. Die Zahlen der letzten Jahrzehnte machen allerdings deutlich, dass es auch der konventionellen Intensiv-Landwirtschaft bisher nicht gelungen ist, den weltweiten Hunger zu lindern. Denn dieser hängt hauptsächlich mit der ungerechten Verteilung von Lebensmitteln und landwirtschaftlichen Flächen zusammen. Gerade in den Ländern des Südens erzeugen die meisten Bäuerinnen und Bauern Nahrungsmittel für den eigenen Gebrauch größtenteils ohne Dünger und Pflanzenschutzmittel, da das Geld für deren Kauf schlicht fehlt. Der Landbau nach Ökoprinzipien kann hier erheblich dazu beitragen, die Ernährungssituation zu verbessern. Durch den wechselnden Anbau verschiedener Pflanzen (Fruchtfolge) und natürliche Düngung durch Humusaufbau werden die Böden nicht ausgelaugt. Eine gerechtere Verteilung von Lebensmitteln und Anbauflächen funktioniert nicht ohne eine weltweit umfangreiche Umstellung auf ökologische Landwirtschaft. Damit die Flächen hierfür ausreichen, muss der Fleischkonsum deutlich sinken. Da die Ernährung mit Biolebensmitteln auch gesundheitlich vorteilhaft ist, spricht alles für den Kauf regionaler Bio-Produkte und einen gemäßigten Fleischkonsum.

Martina Schäfer

Mehr zum Thema Klimaschutz und Welternährung unter „Klima-gerechtes Essen, gerecht für alle?“ auf S. 53.

Das EU-Bio-Logo steht für ökologische Produktion und artgerechte Tierhaltung. www.biosiegel.de

Treibhausgas-Emissionen bei der Herstellung im biologischen und im konventionellen Landbau in g CO_2-Äquivalente pro Portion
2874 g
3298 g
124 g
150 g
760 g
825 g
Gemüse mit Kartoffeln
Schweinebraten mit Kartoffel-Knödel
Burger mit Pommes & Ketchup
Quelle: Bund Naturschutz in Bayern e.V. Kreisgruppe München und Landeshauptstadt München, 2007

GENTECHNIK

Dürre-resistente Pflanzen und Gemüsesorten, die mit Salzwasser bewässert werden können? Die Gentechnik-Industrie bereitet zumindest ihre PR auf die Folgen des Klimawandels vor.

Doch für den Klimaschutz hat die Gentechnik bisher nichts geleistet. Ihre Verheißungen sind bei genauem Hinschauen nichts anderes als uneingelöste Versprechen und Scheinerfolge mit Nebenwirkungen. Denn: Pflanzen für die Bedingungen der industriellen Landwirtschaft „gentechnisch anzupassen“, ist ein riskantes Experiment mit ungewissem Ausgang. Noch ist es unmöglich, die tatsächlichen Risiken gentechnisch veränderter Pflanzen für die menschliche Gesundheit und die biologische Vielfalt abzuschätzen.

So besteht z. B. die Gefahr, dass veränderte Gene durch Auskreuzung unkontrolliert und unumkehrbar auf nicht veränderte Pflanzen übertragen werden können – mit unabsehbaren Nebenwirkungen für komplette Agrar- und Ökosysteme.

Wir haben (k)eine Wahl

Dass es gentechnisch veränderte Produkte in Deutschland schwer haben, ist der Mehrheit der Verbraucher zu verdanken, die sie ablehnen. Seit dem 1. Mai 2008 können Unternehmen ihre Produkte mit der Aufschrift „ohne Gentechnik“ versehen – das macht es theoretisch möglich, „Nein“ zur Gentechnik zu sagen. Die Kennzeichnung ist jedoch freiwillig und wird bis jetzt nur von wenigen Herstellern genutzt. Bislang kann sich Gentechnik vor allem in Milch, Fleisch und Eiern verstecken, da nicht ausgewiesen werden muss, ob Tiere mit gentechnisch verändertem Futter gefüttert wurden. Auf Nummer sicher geht, wer Produkte von Tieren aus Bio- oder Neuland-Haltung kauft.

Jenny Blekker, Claudia Grötschel, Christian Noll

Bei Biolebensmitteln ist Gentechnik tabu. Bei konventionell erzeugter Milch, Fleisch und Eiern sollten Verbraucher auf die Aufschrift „ohne Gentechnik“ achten.

Aktuelle Informationen zum Thema Gentechnik unter keine-gentechnik.de

BITTE AUSLÖFFELN!

Rote-Bete-Suppe mit Champignons

1 Die Rote Bete waschen, schälen, klein schneiden und mit der Gemüsebrühe und einem Lorbeerblatt in einen Topf geben. Aufkochen lassen und zugedeckt ca. 15 Minuten köcheln, bis die Rote Bete weich ist. Lorbeerblatt herausnehmen, die Suppe mit einem Stabmixer fein pürieren und mit Salz und Pfeffer abschmecken. **2** Die Zwiebel schälen und fein hacken. Champignons putzen und in kleine Stücke schneiden. Das Öl in einem Topf erhitzen und die Zwiebeln darin glasig dünsten. Champignons und den grob gehackten frischen Majoran dazugeben. Die Champignons garen, bis die austretende Flüssigkeit verdampft ist. **3** Vom Herd nehmen, Semmelbrösel unterrühren und mit Salz und Pfeffer würzen. Die Rote-Bete-Suppe mit den Champignons und frischem Rosmarin servieren.

400 g Rote Bete
400 ml Gemüsebrühe
1 Lorbeerblatt
Salz, Pfeffer
1 kleine Zwiebel
200 g frische Champignons
2 EL Rapsöl
1 TL Majoran
1 EL Semmelbrösel (vegan)
frischer Rosmarin
25 Min. Zubereitung

V S R

Rote Bete und Mangold sind Zuchtformen der gleichen Pflanze. Rote-Bete-Blätter sind also zum Wegwerfen viel zu schade. Man kann sie wie Mangold verwenden und zubereiten.

VERGESSENE GEMÜSE

Ein leckeres Winterrezept mit Topinambur und Postelein gibt es auf S. 18.

Saatgut gibt es bei www.vern.de

Die „Märkische Rübe" aus dem Städtchen Teltow in Brandenburg war im 18. und 19. Jahrhundert eine beliebte Delikatesse. Lange in Vergessenheit geraten, wird sie heute wieder zunehmend als regionale Spezialität geschätzt. Sie lässt sich sehr gut in Sand lagern und hat lange Saison – von Oktober bis März. Auch Postelein und Topinambur sind wiederentdeckte Schätze regionaler Gemüsevielfalt. Pastinake und die sehr ähnlich aussehende Petersilienwurzel eignen sich gut für Eintöpfe und Gratins. Schwarzwurzel, Mairübe, Brunnenkresse, Guter Heinrich, Erdbeerspinat, die „Schwarze Rindfleischtomate" und andere alte Sorten feiern in der Küche ihr Comeback. Wer beim Gemüsehändler nicht fündig wird, kann sich das Saatgut bei VERN e. V. bestellen. Außerdem bieten viele Ökobauernhöfe Biokisten an, in denen zunehmend auch alte Gemüsesorten enthalten sind.

Teltower-Rübchen-Suppe

1 Die Rübchen gut waschen und die Schale mit einem scharfen Messer abschaben. Kleine Rübchen halbieren, größere vierteln. **2** Honig langsam in einem Topf karamellisieren lassen. Wenn er schön braun ist, den Topf vom Herd nehmen und die Margarine dazugeben. **3** Topf wieder auf den Herd stellen, die Rübchen dazugeben und ebenfalls anbräunen, mit Mehl bestäuben und mit der Brühe ablöschen. 15–20 Minuten köcheln lassen und zum Schluss mit Salz und Pfeffer abschmecken.

500 g Teltower Rübchen od. Pastinaken
1 EL Honig oder Zucker
50 g Pflanzenmargarine
1 EL Mehl
300 ml Gemüsebrühe
Salz, Pfeffer

25 Min. Zubereitung

Wer die Suppe außerhalb der Saison kochen will, kann statt Teltower Rübchen auch Karotten, Sellerie, Pastinaken, Mairübchen oder Steckrüben verwenden.

V S R

Geflügelkraftbrühe mit Gemüse und Flädle

1 Für die Suppe das Gemüse waschen, putzen, gegebenenfalls schälen. Die Karotten ganz lassen, das restliche Gemüse in kleine Würfel schneiden. **2** In einem Topf das Öl erhitzen und das Gemüse darin scharf anbraten. Das Hähnchen gut waschen und mit den Gewürzen in den Topf geben. Mit kaltem Wasser aufgießen und auf kleiner Flamme ca. 2 Stunden köcheln lassen. Nach 1 Stunde die Karotten zugeben. Zwischendurch den Schaum abschöpfen. **3** Für die Flädle Mehl, Eigelbe, Ei und Milch zu einem glatten Teig verrühren. Kerbel, Petersilie und Schnittlauch fein schneiden und unterrühren. Mit Salz und Pfeffer würzen. In einer Pfanne mit wenig Öl dünne Pfannkuchen ausbacken, abkühlen lassen und in Streifen schneiden. **4** Die Brühe durch ein Sieb abgießen. Die Karotten in kleine Stücke schneiden und zur Brühe geben. Alles noch einmal aufkochen und mit den Flädle servieren.

Die Suppe lässt sich sehr gut mit unserem Backhendl-Rezept von Seite 82 kombinieren. Dort wird nur das Fleisch paniert und aus den übrig gebliebenen Hähnchenknochen sowie Fleisch- und Hautresten lässt sich die Kraftbrühe kochen. Denn für den Müll sind die Reste wirklich zu schade.

Flädle

120g Mehl
2 Eigelb
1 Ei
250 ml Milch
½ Bund Kerbel
½ Bund Petersilie
½ Bund Schnittlauch
Salz, Pfeffer
Öl zum Ausbacken

Geflügelkraftbrühe

½ Hähnchen (oder 2 Keulen, 2 Flügel, Hals)
2–3 große Karotten
1 kleine Sellerieknolle
1 Stange Lauch
1 Petersilienwurzel
2 Zwiebeln
1 Prise Liebstöckel
3 EL Rapsöl
10 Pfefferkörner
20 g Salz
3 l Wasser

40 Min. Zubereitung
2 Std. Kochzeit

R

Kürbiscreme-Suppe mit Curry

1 Hokkaido-Kürbis (ca. 1 kg)
1 Zwiebel
2 EL Rapsöl
750 ml Gemüsebrühe
1 EL Apfelessig
Salz, Pfeffer, Curry
Kürbiskernöl zur Garnitur
30 Min. Zubereitung

V S

1 Den Kürbis gründlich waschen, halbieren, entkernen und in 3 cm große Würfel schneiden. Die Schale des Hokkaido-Kürbis wird beim Kochen weich und kann mitgegessen werden. Die Zwiebel schälen und fein würfeln. **2** Öl in einem Topf erhitzen, Zwiebeln und Kürbiswürfel hineingeben und bei mittlerer Hitze so lange schmoren, bis die Zwiebeln glasig sind. Mit Pfeffer und Salz würzen und mit Gemüsebrühe auffüllen. Ca. 15 Minuten köcheln lassen, bis die Kürbisstücke weich sind. **3** Essig dazugeben und das Kürbisfleisch mit einem Stabmixer pürieren. Die Suppe mit Salz, Pfeffer und Curry abschmecken und mit einigen Tropfen Kürbiskernöl garnieren. Statt mit Curry kann man die Suppe auch mit Rosmarin oder frischem Ingwer und dem Saft einer Orange abschmecken.

Badische Grieß-Suppe

1 Bund Frühlingszwiebeln
400 g Möhren
60 g Pflanzenmargarine
6 EL Hartweizengrieß
900 ml Gemüsebrühe
200 ml Weißwein
150 ml Hafer- od. Sojasahne
Salz, Pfeffer, Muskat
3 EL gehackte Petersilie
25 Min. Zubereitung

V R

1 Die Frühlingszwiebeln putzen und in feine Ringe schneiden. Die Möhren schälen und fein würfeln. **2** Margarine in einer Pfanne erhitzen und den Grieß darin goldgelb rösten, die Möhren dazugeben und kurz anbraten. Mit Brühe und Wein aufgießen. Unter ständigem Rühren 10–15 Minuten bei geringer Hitze köcheln lassen. **3** Die Hafersahne dazugeben, mit Salz, Pfeffer und Muskat abschmecken, die Petersilie und die Frühlingszwiebeln untermischen. Mit frischen Petersilienblättchen garnieren.

Statt Hartweizengrieß kann man auch Dinkelgrieß verwenden. Dinkel ist eine alte Getreidesorte, die besser an das hiesige Klima angepasst ist und ohne Düngung und Pestizide auskommt.

Erfrischende Melonensuppe

1 Die Melone halbieren und entkernen. Das Fruchtfleisch auslösen und in kleine Stücke schneiden. Die Gurke schälen, entkernen und würfeln. Tomaten waschen, vierteln und mit der Hälfte der Melonenstücke und den Gurken pürieren. **2** Mit Salz, Pfeffer, Zucker und Zitronensaft abschmecken. Die Suppe und die restlichen Melonenstückchen getrennt mind. 60 Minuten kalt stellen. **3** Vor dem Servieren das Basilikum waschen und fein schneiden. Mit kühlem Prosecco und den Melonenstückchen in die kalte Suppe geben. Mit Paprikapulver bestreuen und servieren.

Für eine alkoholfreie Variante der Suppe kann man den Prosecco durch Holunderblütenlimonade oder eine zusätzliche Gurke ersetzen.

Melonen haben im August und September Saison. In Deutschland werden kaum Melonen angebaut. Deshalb kann man im Sommer auch einmal zu einer Melone greifen, die weitere Importwege hinter sich hat. Solange es sich nicht um eine Flug-Melone handelt.

1 Honigmelone (ca. 500 g)
1/2 Salatgurke
250 g Tomaten
Salz, Pfeffer, brauner Zucker
Saft von 1/2 Zitrone
1 Bund Basilikum
1 Flasche Prosecco (750 ml)
Paprikapulver zum Garnieren

25 Min. Zubereitung
60 Min. Kühlzeit

V S

CO_2-Äquivalente in g pro kg Tomaten

ZUR RICHTIGEN ZEIT AM BESTEN ZU FUSS

Viele Menschen glauben, dass Importprodukte aus Übersee schädlicher für das Klima sind als regional erzeugte Lebensmittel. Wer sein Augenmerk ausschließlich auf die sogenannten „Food Miles", also auf die für das Endprodukt zurückgelegten Kilometer richtet, liegt mit seiner Vermutung zwar nicht falsch, tatsächlich macht die Transportstrecke aber nur einen sehr geringen Anteil an den Gesamtemissionen der Lebensmittelherstellung aus. So können regionale Waren unter Umständen eine schlechtere Klimabilanz aufweisen als Produkte aus Übersee.

Quelle: Universität Gießen; Ökologie und Landbau

Die Frage der Saison spielt hierbei eine nicht unwesentliche Rolle – vor allem bei Gemüse und Obst. Sonnengereifte Tomaten aus Spanien z. B. weisen eine bessere Energiebilanz auf als solche, die in geheizten Gewächshäusern direkt um die Ecke herangezogen werden. Der Transportweg ist in diesem Fall also weniger klimaschädlich als die Herstellungsweise vor Ort. Bei Obst und Gemüse, das sich gut lagern lässt, ist in jedem Fall die regionale Variante der aus Übersee vorzuziehen – auch wenn es gerade keine Saison hat. Aber nicht nur die Herkunft ist für die Klimabilanz relevant, auch das Transportmittel, welches die Lebensmittel zum Verkaufsort bringt, spielt eine entscheidende Rolle:Mit Abstand am schädlichsten für das Klima ist der Transport per Flugzeug, gefolgt von Lkw, Bahn und Schifffahrt. So ist es durchaus möglich, dass von weit her, per Schiff transportierte Lebensmittel weniger Emissionen verursachen als welche, die mit dem Lkw von Italien nach Hamburg transportiert wurden. Werden Lebensmittel mit dem Flugzeug transportiert, verursacht der Transport fünfmal so viel CO_2 wie ein Lkw. Zwar ist der Anteil von Flug-Lebensmitteln bezogen auf den Gesamtverbrauch an Lebensmitteln gering, sie machen aber einen erheblichen Anteil an den Umweltbelastungen aus. Die meisten tropischen Früchte werden mit dem Schiff nach Europa transportiert. Leicht verderbliche Produkte wie Fisch und Fleisch werden ebenso wie manches Obst und Gemüse zu uns geflogen und weisen deshalb eine sehr schlechte Klimabilanz auf.

Was WIR tun können ...

Möglichst unverarbeitete Produkte einkaufen. Nur so wissen wir mit Sicherheit, woher die Lebensmittel stammen und wie sie transportiert wurden. Am besten sind natürlich die Tomaten vom eigenen Balkon oder aus dem heimischen Garten.

Saisonal genießen. Ein klimafreundlicher Speiseplan enthält möglichst viele Zutaten, die gerade Saison haben!

Das eigene Transportmittel ist entscheidend! Am besten zu Fuß, mit dem Fahrrad oder dem Bus auf Einkaufstour gehen. Und wer aufs Auto partout nicht verzichten kann, sollte wenigstens ein paar Freunde zum gemeinsamen Shoppen einladen. Warum? Bis zu 50 % der Lebensmittel-Transportemissionen entstehen auf dem Weg zum Einkauf! Im Verhältnis dazu fällt es weniger ins Gewicht, ab und zu nach Obst und Gemüse zu greifen, das gerade keine Saison hat oder mit dem Flugzeug zu uns transportiert wurde.

Jennifer Noll, Jenny Blekker

Regionale Produkte zur richtigen Zeit einkaufen: der Saisonkalender auf S. 116/117 hilft dabei.

MEIN AUTO, MEIN HAUS, MEIN STEAK!

Ein gezielter Blick auf die einzelnen Lebensmittelgruppen lädt zum Entdecken, Informieren und Genießen ein. Er hilft außerdem dabei, Klimasünder zu identifizieren: Tierische Produkte wie Milch, Eier und Fleisch haben den mit Abstand größten Anteil an klimaschädlichen Emissionen, die bei der Lebensmittelproduktion entstehen. Veganer haben, was die Ernährung betrifft, also einen deutlich geringeren Klimafußabdruck als Fleischesser und Vegetarier. Trotzdem ist es für umweltbewusste Vegetarier und Fleischesser möglich, die Belastungen für das Klima, die durch ihre Ernährung entstehen, gezielt im Alltag zu reduzieren.

FdH: Friss die Hälfte

Wer seinen eigenen Fleischkonsum halbiert, spart 6 % Treibhausgase im Bereich der gesamten Ernährung ein. Wer beim Einkauf auf das Auto angewiesen ist oder nicht darauf verzichten will, kann stattdessen im Supermarkt zu Sojaschnetzel greifen und auf Hackfleisch verzichten. Der persönlichen Klimabilanz kommt das auf jeden Fall zugute. XXL-Schnitzel und Riesenburger müssen nicht ein. Mit einer größeren Auswahl an Gemüse und Salat machen auch kleine Portionen Fleisch satt und sind gesünder. Mehr Vielfalt auf dem Teller steigert zudem den Genuss. Also: Es muss nicht viel sein, sondern gut!

Die fetten Jahre sind vorbei!

Aber wo entstehen die klimaschädlichen Gase bei der Produktion von Fleisch, Eiern und Milch? Würde unter Hühnern, Schweinen und Rindern die „goldene Wurst" für den größten Ausstoß an klimaschädlichen Treibhausgasen ausgelobt, stünde der Sieger schnell fest: das Rind! Es belastet mit Rülpsen und Blähungen die Atmosphäre mit Methan, das 21-mal klimaschädlicher ist als CO_2. Für die Herstellung aller tierischen Lebensmittel ist ein Vielfaches mehr an Energie (Zuchtanlagen, Fabriken), Ackerfläche zur Futterproduktion und Dünger nötig als für die Produktion von Obst, Gemüse und Getreide. Niemand würde vermuten, dass z. B. Butter ein monströser Klimakiller ist. Das Öko-Institut

Freiburg hat die CO_2-Bilanzen vieler wichtiger Lebensmittel errechnet. Die Liste wird danach von Butter angeführt, mit weitem Abstand zu Rindfleisch und Eiern. Der Butterverbrauch pro Kopf ist dabei sicher nicht das Klimaproblem. Aber die Untersuchung zeigt, dass Milchprodukte im Allgemeinen wenig klimafreundlich sind. Je mehr Milch zur Herstellung des Endproduktes benötigt wird, umso mehr Treibhausgase verursacht es. Daher sollte bei Milchprodukten der bewusste Genuss im Vordergrund stehen: Hartkäse reduzieren, Quark mit Joghurt oder Milch statt Sahne strecken und Butter durch Pflanzenmargarine ersetzen.

Masse statt Klasse?

Statistisch gesehen verzehrt jeder Deutsche pro Jahr durchschnittlich 60 Kilogramm Fleisch. Das ist doppelt so viel, wie wir nach den Richtlinien der Deutschen Gesellschaft für Ernährung essen sollten. Seit den 90er Jahren sinkt der Fleischkonsum in Deutschland aufgrund regelmäßiger Fleischskandale stetig. Noch bedeutet das aber keine Entlastung fürs Klima, weil weiterhin riesige Tierzuchtanlagen betrieben werden, um die Fleischproduktion weiter zu steigern. Vor allem die emissionsintensive Produktion der Futtermittel verschlechtert die Klimabilanz von Fleisch erheblich. Um für Anbauflächen Platz zu schaffen, wird Regenwald abgeholzt. Ausreichende Erträge können nur mit großen Mengen klimaschädlicher Düngemittel erreicht werden. Auf den rückläufigen Fleischkonsum der Deutschen reagiert der Handel deshalb mit immer neuen Tiefpreisangeboten an der Fleischtheke. Günstige Preise jedoch können nur durch industrielle Produktionsmethoden erreicht werden, die klimaschädlich sind. Fleisch ist bei uns schon lange kein Luxusprodukt mehr. Gute Qualität hat aber nach wie vor ihren Preis und ist zugleich klimafreundlicher. Ein Kilogramm Rindfleisch aus biologischem Anbau verursacht 15 % weniger Treibhausgase als Fleisch aus konventioneller Produktion. Durch den Kauf von Bioprodukten können bei Schweinefleisch 6 % und bei Geflügel 13 % eingespart werden.

Die Fleischesser in Deutschland sind verwöhnt. Gegessen wird größtenteils nur die Brust beim Huhn. Der Rest wird zu Dumpingpreisen exportiert und macht in den Empfängerländern den heimischen Markt der Produzenten kaputt. Vorsicht bei Rindfleisch aus Argentinien: Dieses kommt meist mit dem Flugzeug zu uns. Vollkommen unnötig, denn wer sich ein gutes Steak gönnen möchte, kann zu Ware von regionalen Bio-Produzenten greifen.

Am klimafreundlichsten ist echtes Wildbret von Reh, Hirsch und Wildschwein aus heimischen Wäldern. Fleisch von frei lebenden Wildtieren kann nur über den Jäger oder Förster bezogen werden bzw. von dort aus in den Handel kommen.

Boris Demrovski

Wildbret gibt es vor allem im Herbst und Winter während der Jagdsaison. Wildbret vom Förster stammt garantiert aus freier Wildbahn. Supermärkte bieten oft Fleisch aus Gatterhaltung und Importware an.

CO_2-Äquivalente in g CO_2 pro kg Lebensmittel

KLIMA-GERECHTES ESSEN – GERECHT FÜR ALLE?

Mit welchem Ernährungsstil können wir das Klima am besten schützen? Die Treibhauswirkung einzelner Ernährungsstile hängt besonders von Art und Menge der verzehrten tierischen Lebensmittel ab, denn Fleisch, Milch und Eier belasten das Klima stark. Hier die wichtigsten Ernährungsstile im Überblick, sortiert nach abnehmender Treibhauswirkung:

Fleischbetonte Ernährung
insbesondere Rind-, Schweine- und Lammfleisch

Ernährung nach Lebensmittelpyramide
nach den Empfehlungen der Deutschen Gesellschaft für Ernährung (DGE)

Vegetarische Ernährung
kein Fleisch, aber Milchprodukte

Vegane Ernährung
kein Fleisch, keine Milchprodukte, keine Eier

Nach dieser Aufstellung wäre eine vegane Ernährung am klimafreundlichsten. Aber kann sie Vorbild für die Ernährung der gesamten Weltbevölkerung sein?

Steigender Flächenbedarf

Weltweit steigt der Flächenbedarf für die Lebensmittelerzeugung, entsprechend 3 großen Trends:
Ansteigende Lebensmittelnachfrage in Entwicklungsländern als Folge von Bevölkerungszunahme und allmählich steigender Einkommen.
Zunehmende „Wohlstandsernährung" in Industrie- und Entwicklungsländern, mit vielen tierischen Produkten, viel Süßem und „Junk Food", zu deren Erzeugung große Agrarflächen beansprucht werden.
Steigende Flächenkonkurrenz zwischen Anbauflächen für Nahrungsmittel und pflanzlichen Rohstoffen für „Bio"-Kraftstoffe, die weltweit die Lebensmittelpreise steigen lässt. Das führt in armen Ländern zum weiteren Anstieg der Unterernährung.

Sicherung der Welternährung

Welcher Ernährungsstil ermöglicht eine gerechte Ernährung der Weltbevölkerung? Tierische Lebensmittel haben zur Erzeugung einen viel höheren Flächenbedarf als pflanzliche (z. B. Rindfleisch 30-mal, Milch 5-mal mehr als Getreide, bezogen auf 1000 kcal). Dabei ist aber zwischen Ackerland und Weideland zu unterscheiden: rund 70 % der weltweiten Agrarflächen sind Weideland und nur knapp 30 % Ackerland. Begrenzender Faktor ist also die globale Ackerfläche! Die Haltung von Wiederkäuern (Rinder, Schafe, Ziegen) hat den Vorteil, dass so auch das Gras von Weideland als Futtermittel genutzt werden kann – und so gesundheitlich wertvolle und schmackhafte Erzeugnisse wie Rindfleisch und Milch entstehen. Auf die Nutzung von Weideland bzw. Wiederkäuern wegen hoher Methan-Emissionen zu verzichten, wäre für die globale Ernährungssicherung also nicht sinnvoll. Außerdem beziehen weltweit etwa 800 Millionen Menschen ihr Einkommen aus der Viehhaltung bzw. den nachgelagerten Bereichen, auch viele Landwirte in Deutschland. Bei der Haltung von Wiederkäuern liegt demnach ein klassischer Konflikt zwischen ökologischen, wirtschaftlichen und sozialen Zielen vor. Die Haltung von Schweinen und Geflügel ist zwar einerseits weniger klimabelastend als die Haltung von Wiederkäuern, weil sie kein Methan ausstoßen. Andererseits sind Schweine und Geflügel Nahrungskonkurrenten für den Menschen, da deren Futtermittel auf Ackerflächen angebaut werden müssen, die dringend für den Anbau von Nahrungsmitteln benötigt werden.

Und die vegane Ernährung?

Für den Anbau pflanzlicher Lebensmittel wird ausschließlich Ackerland benötigt. Vorhandene Weideflächen würden dabei nicht genutzt. Ein solcher Ernährungsstil erscheint daher für die gesamte Weltbevölkerung nur schwer realisierbar – und ist auch gesundheitlich wegen möglicher Nährstoffmängel (z. B. Vitamine B12 und D sowie Kalzium und Eisen) nicht zu empfehlen.

Die bestmögliche Lösung

Die bestmögliche Lösung für Klima und Welternährung liegt in einer teilweisen, aber deutlichen Verminderung des Anteils tierischer Lebensmittel in den reichen Industrieländern. Dies empfiehlt auch die Ernährungswissenschaft aus gesundheitlichen Gründen. Ferner kann eine ökologisch angepasste Tierhaltung und Fütterung zur Lösung beitragen: also lieber Bio-Lebensmittel nach dem Motto „Weniger ist mehr“ kaufen. Auch beim Klimaschutz in der Küche geht Qualität vor Quantität!

Karl v. Koerber

FAIRTRADE

Eine zukunftsfähige Ernährung darf, neben den umwelt- und gesundheitsrelevanten Aspekten, die soziale Perspektive nicht ausblenden. Es spielt nicht nur eine Rolle, welche Umweltschäden die Produktion von Lebensmitteln verursacht, sondern auch, welche Folgen unser Konsum auf die Lebensbedingungen der Arbeiterinnen und Arbeiter hat, die sie erzeugen. Viele Produkte entstehen unter menschenunwürdigen Bedingungen.

Unfairer Handel

Wir bezahlen die Discountpreise der Waren bequem mit Plastikkarte, doch den Preis für den derzeitigen „Geiz ist geil"-Wahn zahlen die Menschen in den sogenannten Schwellen- und Entwicklungsländern: mit Kinderarbeit, unwürdigen Arbeitsbedingungen und Hungerlöhnen.

Dort arbeiten mehrere Millionen Menschen in der Lebensmittelproduktion. Sie erzeugen, verarbeiten und transportieren die Lebensmittel und Waren, die später bei uns für wenige Cent im Regal des Supermarktes stehen. Gerade weil diese Produkte hierzulande so billig sind, werden die Arbeiterinnen und Arbeiter nicht entsprechend bezahlt und können deshalb kaum die eigene Familie ernähren. Gerade um diesen Familien und vor allem den Kindern vor Ort eine Zukunft mit Schulbildung und ohne Kinderarbeit zu ermöglichen, ist es wichtig, dass diese für ihre Arbeit angemessen entlohnt werden. Auch der Handel kann einen Beitrag leisten, indem er bei den Zulieferern darauf achtet, dass die Produkte unabhängig zertifiziert sind.

Faire Schlemmersünden

Uns Verbrauchern steht eine simple Möglichkeit zur Verfügung, um diesen Unternehmen die rote Karte zu zeigen: Fairtrade-Produkte kaufen! Egal ob Schokolade, Kaffee, Tee, Reis, Säfte, Zucker, Pflanzenöl, Trockenfrüchte oder Bananen. Viele Einzelhändler bieten die geprüften Waren an. Wer Fairtrade-Produkte kauft, kann sicher sein, dass diese ohne Kinderarbeit, zu gerechten Löhnen und unter guten Arbeitsbedingungen hergestellt wurden. Das Siegel macht es sichtbar.

Boris Demrovski

Lebensmittel aus fairem Handel unterstützen menschenwürdige Lebens- und Arbeitsbedingungen. www.transfair.org

GEMEINSAM ISST MAN WENIGER ALLEIN!

Veganes Gulasch Szegediner Art

1 Zwiebeln und Karotten schälen und in feine Scheiben schneiden. Mit etwas Öl in einem großen Topf andünsten. **2** Paprika- und Chilipulver, Tomatenmark, passierte Tomaten, Essig, Sojasauce und Wasser dazugeben. Das Sauerkraut auflockern und unter das Gemüse mischen. **3** Seitan in Würfel schneiden und in heißem Öl anbraten. Mit dem Gemüse mischen und mit Salz, Pfeffer und Sojasauce abschmecken. Ca. 10 Minuten köcheln lassen und evtl. noch etwas Wasser dazugeben.

Seitan wird aus Weizeneiweiß (Gluten) hergestellt. Es wurde als Fleischersatz von vegetarisch lebenden, chinesischen Mönchen entwickelt. Es schmeckt auch eingelegt und kann sogar eingefroren werden. Achtung: Da Seitan aus Weizeneiweiß besteht, ist es leider nicht für Glutenallergiker geeignet

3 Zwiebeln
3 Karotten
1 EL Paprika, edelsüß
1/2 TL Chilipulver
2 EL Tomatenmark
250 g passierte Tomaten
2 EL Obst- oder Rotweinessig
3 EL Sojasauce
125 ml Wasser
400 g Sauerkraut (frisch od. aus der Dose)
500 g Seitan
Rapsöl, Salz, Pfeffer

30 Min. Zubereitung

V

TOFU, SEITAN UND CO.

Warum Fleisch dem Klima schadet, steht auf S. 50.

Mehr Infos zum Ersatz tierischer Produkte gibts auf S. 102 u. 111.

Sojafleisch gibt es in allen Größen: von feinen Schnetzeln für unsere Bolognese über grobe Medaillons für Gyros oder Gulasch bis hin zu ganzen Steaks. Für die Klimaküche ist Sojafleisch immer ein Gewinn. Getrocknet hat es zunächst kaum Eigengeschmack, nimmt aber beim Quellen jeden Geschmack auf. In der Pfanne angebraten, mit Sherry und/oder Tamari-Sauce abgelöscht, überzeugt es auch eingefleischte Skeptiker. Tofu (aus Sojaquark) und Seitan (aus Weizenmehl) können ebenso wie Fleisch mariniert, gebraten und gegrillt werden. Auch eiweißreiche Pilzsorten sind eine gute Fleischalternative. Shiitake-Pilze schmecken besonders fleischig-herzhaft (umami). Ansonsten bringen Sojasauce oder Hefeflocken diese fünfte Geschmacksqualität ins Spiel.

Gemüse-Soja-Bolognese

1 Die Sojaschnetzel in eine Schüssel geben und mit kochendem Wasser übergießen, umrühren und ziehen lassen. **2** Möhren, Zwiebeln und Sellerie schälen und in sehr feine Würfel schneiden. Olivenöl in einer Pfanne erhitzen, das Gemüse hineingeben und bei geschlossenem Deckel leicht anbraten. **3** Die Sojaschnetzel abseihen und in einer Pfanne mit dem Rapsöl kross anbraten. Es kann etwas länger dauern, da Sojaschnetzel sehr viel Wasser speichern. Die gebratenen Sojaschnetzel unter das Gemüse mischen. Passierte Tomaten und Tomatenmark dazugeben und kurz köcheln lassen. **4** Die Nudeln nach Packungsanweisung in Salzwasser al dente kochen. Die Bolognese-Sauce mit Paprika, Curry, Salz und Pfeffer pikant abschmecken.

150 g Soja-Schnetzel (fein)
2 Mohren, 2 Zwiebeln
100 g Sellerie
je 2 EL Olivenöl u. Rapsöl
250 g passierte Tomaten
100 g Tomatenmark
500 g (Vollkorn-)Spaghetti
1 EL Paprika, edelsüß
1 EL Currypulver
Salz und Pfeffer
30 Min. Zubereitung

V

Pasta mit Pesto-Variationen

Spinat-Pesto

150 g Spinat
75 g junge Brennnesselblätter
3–4 EL Pinienkerne
1 Knoblauchzehe
250 ml Olivenöl
75 g Pecorino-Käse
15 Min. Zubereitung

Basilikum-Pesto

1 Bund Basilikum
3–4 EL Pinienkerne
1–2 Knoblauchzehen
250 ml Olivenöl
25 g Pecorino-Käse
Salz, Pfeffer
15 Min. Zubereitung

Rucola-Nuss-Pesto

125 g Rucola
1–2 Knoblauchzehen
50 g Walnüsse
100 ml Olivenöl
25 g Pecorino-Käse
Meersalz, Pfeffer
15 Min. Zubereitung

1 Spinat und Brennnesselblätter waschen und grob hacken. Die Pinienkerne in einer Pfanne ohne Öl goldbraun rösten. Knoblauch schälen, fein hacken und mit den restlichen Zutaten in eine Schüssel geben. Mit dem Stabmixer pürieren, dabei nach und nach Olivenöl zugeben.

2 Basilikum waschen, die Blätter von den Stielen zupfen und grob hacken. Pinienkerne in einer Pfanne ohne Öl goldbraun rösten. Knoblauch schälen, fein hacken und mit den restlichen Zutaten in eine Schüssel geben. Alle Zutaten mit dem Stabmixer pürieren, dabei nach und nach Olivenöl zugeben.

3 Rucola waschen und in Streifen schneiden. Knoblauch schälen und fein hacken. Rucola, Knoblauch, Walnüsse und etwas grobes Meersalz fein pürieren, dabei nach und nach das Olivenöl zugeben. Abschmecken und so lange pürieren, bis das Pesto cremig ist.

4 Nudeln nach Packungsanweisung in Salzwasser al dente kochen. Ist das Pesto zu dickflüssig, etwas mehr Olivenöl oder Nudelwasser dazugeben.

S Man kann Pesto in einem verschlossenen Glas mehrere Tage im Kühlschrank aufbewahren – darauf achten, dass es komplett mit Olivenöl bedeckt ist.

Gnocchi mit Spitzkohl

1 kg mehligkochende Kartoffeln
1–2 Eier
150–200 g Mehl
Salz, Pfeffer, Muskat
1 Spitzkohl (ca. 500 g)
Olivenöl
1 TL Paprika, edelsüß
etwas Chilipulver und Kümmel
120 Min. Zubereitung

S

1 Die Kartoffeln im Dampfkochtopf 15 Minuten garen, pellen und ausdampfen lassen. Zu einem glatten Teig zerstampfen. 2 In die Kartoffelmasse eine Mulde drücken. Das Ei, die Hälfte des Mehls, Salz, Pfeffer und Muskat hineingeben und alles miteinander vermengen. So lange Mehl dazugeben, bis ein geschmeidiger Teig entsteht. Den Teig 30 Minuten ruhen lassen. 3 Auf einer bemehlten Arbeitsfläche aus dem Teig 2 cm dicke Rollen formen. Die Rollen in 2 cm lange Stücke schneiden und in Mehl wenden. Die Gnocchi in siedendem Salzwasser garen, bis sie an der Wasseroberfläche schwimmen. 4 Die Kohlblätter putzen und in 4 cm große Quadrate schneiden. In einer großen Pfanne mit Öl 4–6 Minuten anbraten. Evtl. etwas Nudelwasser dazugießen und dämpfen lassen. Gewürze zugeben und abschmecken. Gnocchi mit dem Kohlgemüse vermengen und vorsichtig in etwas Olivenöl schwenken.

Pappardelle mit grünem Spargel

500 g grüner Spargel
2 Knoblauchzehen
500 g Pappardelle (breite Bandnudeln)
Salz, Pfeffer, Zucker
Saft von 1/2 Zitrone
6 EL Olivenöl
50 g Parmesan
25 Min. Zubereitung

S

1 Den Spargel waschen, helle holzige Enden abschneiden. Spargel schräg in 5 cm lange Stücke schneiden. Knoblauch schälen und halbieren. 2 Nudelwasser aufstellen. In einer großen Pfanne 6 EL Olivenöl erhitzen, Spargel und Knoblauch darin anbraten. Nudeln in das kochende Salzwasser geben. Mit einem Schöpfer 2–3 Kellen vom Nudelwasser zum Spargel geben und ca. 8 Minuten dünsten. Mit Salz, Pfeffer, etwas Zucker und Zitronensaft abschmecken. 3 Nudeln abgießen, 1 Kelle Nudelwasser zurückbehalten. Spargel mit Nudeln und Nudelwasser mischen. Olivenöl dazugeben und Parmesan darüberreiben.

Es reicht, wenn die Nudeln im Topf 2–3 cm mit Wasser bedeckt sind. Frische Nudeln brauchen nur 3–4 Minuten Kochzeit, müssen aber gekühlt gelagert werden.

Flammkuchen

Für 4 Fladen

10 g Hefe

250 g Mehl

100 ml Buttermilch

2 EL Olivenöl

1 TL Salz

Belag A

1 Hokkaido-Kürbis

1 kleiner säuerlicher Apfel

150 g Ziegenweichkäse

200 g Schmand

frischer Rosmarin

Salz, Pfeffer

Belag B

150 g Ziegenweichkäse

Feigensenf, Pfeffer

250 g Kirschtomaten

Kresse oder Radieschenkresse

Belag C

1 große Rote Bete

200 g Schafskäse

100 g Schmand

Pfeffer

frische Spinatblätter

40 Min. Zubereitung

1 Stunde Ruhezeit

S

1 Die Hefe in 30 ml lauwarmem Wasser auflösen. Mehl und Salz in eine Schüssel geben, in die Mitte eine Mulde drücken und die Hefe hinzugeben. Etwas Mehl vom Rand darübergeben, Buttermilch und Olivenöl hinzufügen. Alles zu einem glatten Teig kneten, zu einer Kugel formen und zugedeckt an einem warmen Ort ca. 1 Stunde gehen lassen. 2 Den Backofen auf 250 °C vorheizen. Den Teig in 4 gleich große Stücke teilen und jeweils auf einem leicht bemehlten Backpapier 2 mm dünn ausrollen. Den Belag – je nach Saison und Geschmack – darauf verteilen. Die Flammkuchen ca. 8–12 Minuten auf der untersten Schiene backen. Die Backzeit hängt von der Dicke des Belags ab.

Für Belag A: Den Kürbis fein hobeln, den Apfel in kleine Stücke schneiden. Ziegenkäse in dünne Scheiben schneiden. Schmand auf die Teigfladen streichen, alle Zutaten darauf verteilen, mit frisch gemahlenem Pfeffer und einer Prise Salz würzen.

Für Belag B: Ziegenkäse in dünne Scheiben schneiden und auf dem Teig verteilen, Feigensenf großzügig in Klecksen darauf geben. Kirschtomaten halbieren und darauf verteilen. Mit etwas frisch gemahlenem Pfeffer würzen. Nach dem Backen mit Kresse garnieren.

Für Belag C: Rote Bete grob reiben oder in schmale Streifen schneiden, Schafskäse würfeln. Den Teig dünn mit Schmand bestreichen, Rote Bete und Schafskäse darauf verteilen, mit frisch gemahlenem Pfeffer würzen. Nach dem Backen mit Spinat garnieren.

Sommerliches Mais-Risotto

1 Die Maiskörner mit einem Sägemesser vom Maiskolben trennen. Dazu die Kolben auf das dicke Ende stellen und die Körner mit dem Messer von oben nach unten am Kolben entlang abschneiden. **2** Die Gemüsebrühe in einem Topf erhitzen. Die Schalotten schälen und in kleine Würfel schneiden. Öl in einer großen Pfanne oder in einem Topf erhitzen und die Schalotten darin glasig dünsten. Den Reis dazugeben und kurz mitdünsten. Mit dem Weißwein ablöschen und einkochen lassen. Dann die Maiskörner dazugeben und mit so viel heißer Gemüsebrühe auffüllen, dass der Reis und die Maiskörner gerade bedeckt sind. **3** Bei schwacher bis mittlerer Hitze ohne Deckel unter häufigem Rühren leicht köcheln lassen. Immer wieder Gemüsebrühe angießen, sobald der Reis die Flüssigkeit aufgesogen hat. Nach ca. 20 Minuten ist der Reis fertig gegart. **4** Zum Schluss die Crème fraîche unterrühren, mit Salz und Pfeffer abschmecken. Den Risotto mit gehobeltem Parmesan servieren

2 frische Maiskolben
800 ml Gemüsebrühe
2 Schalotten oder 1 kleine Zwiebel
5 EL Olivenöl
200 g Risottoreis
100 ml Weißwein
1 Becher Crème fraîche
Salz, Pfeffer
80 g Parmesan

35 Min. Zubereitung

S

Italien ist das größte Reisanbaugebiet Europas. Dort werden vor allem die Reissorten Arborio und Carnaroli (eine besonders beliebte Reissorte mit sehr guten Kocheigenschaften) produziert, die in vielen Bio-Märkten erhältlich sind.

Ein Tipp: Bleiben beim Kochen Gemüsereste und Schalen übrig, sind diese viel zu schade für die Mülltonne. Daraus lässt sich eine frische und schmackhafte Gemüsebrüheherstellen. Einfach alle Reste und Schalen sowie Kräuter in einen Topf geben, mit reichlich Wasser bedecken und ca. 45 Minuten köcheln lassen. Durch ein Sieb abgießen, die Brühe z. B. für Risotto verwenden oder einfrieren.

Nussiges Linsen-Intermezzo

1 Die Haselnusskerne in einer ofenfesten Form bei 150 °C im vorgeheizten Backofen ca. 15 Minuten rösten, abkühlen lassen und hacken. 2 750 ml Wasser in einem Topf zum Kochen bringen. Die Linsen mit Lorbeerblättern und Thymian darin 20–30 Minuten köcheln lassen. Anschließend durch ein Sieb abgießen. 3 In der Zwischenzeit die Sellerieknolle schälen, in Scheiben und dann in feine Stäbchen schneiden. In einem Topf mit Salzwasser bedeckt in ca. 10 Minuten weich garen, danach abgießen. 4 Die noch heißen Linsen mit Oliven- und Haselnussöl, Essig, Salz und Pfeffer vermengen, Sellerie hinzufügen. Anschließend die Haselnüsse darüberstreuen.

75 g Haselnüsse
250 g Linsen (z. B. Le Puy)
2 Lorbeerblätter
5 Thymianzweige
1 mittelgroße Sellerieknolle
4 EL Olivenöl
3 EL Haselnussöl
4 EL Rotweinessig
5 EL gehackte Minze
Salz, Pfeffer

ca. 60 Min. Zubereitung

V

Die dunkelgrün marmorierten Le Puy Linsen stammen aus der französischen Auvergne, werden aber auch in Deutschland angebaut. Im Biolandbau helfen Linsen, Erbsen und Ackerbohnen als natürliche Stickstoffquelle, den Boden zu verbessern.

CO_2 À LA CARTE

Mittags zum Business-Lunch und abends zum Lieblingsitaliener? Angeblich gehen die Deutschen durchschnittlich nur 1-mal wöchentlich auswärts essen. Und trotzdem fällt die Bilanz beim Auswärtsessen eindeutig aus: „Essen gehen" ist für gut ein Fünftel der Klimabelastung im Bereich Ernährung verantwortlich. Dabei belastet ein Mittagessen in einer großen Kantine oder Mensa das Klima weniger stark, weil in Großküchen eine kleine Auswahl an Speisen für viele Menschen zubereitet wird und der Energieaufwand dadurch verhältnismäßig gering bleibt. Wer sich mit Freunden im Restaurant verabredet, bekommt dort immer öfter leckere vegetarisch-vegane Alternativen angeboten. Inzwischen beziehen einigeLokale bewusst Ökostrom, andere machen transparent, woher ihr Fleisch kommt oder kochen mit saisonalen und regionalen Produkten. So lässt sich der nächste Restaurant-Besuch trotzdem genießen.

Mangold-Linsen-Curry

500 g Mangold
2 Zwiebeln
3 Knoblauchzehen, Ingwer
2 EL dunkle Sesamsaat
½ TL Kurkuma
1 TL Kreuzkümmel
300 g rote Linsen
400 ml Kokosmilch
600 ml Gemüsebrühe
Salz, Pfeffer, Rapsöl
Zitronensaft, Minze
35 Min. Zubereitung

V S

1 Mangold putzen und waschen. Die weißen Blattrippen in Würfel, die grünen Blätter in mundgerechte Stücke schneiden. Zwiebeln, Knoblauch und Ingwer (3 cm) schälen und fein würfeln. 2 Öl in einer Pfanne erhitzen, Zwiebeln, Knoblauch und Ingwer darin glasig dünsten. Sesam, Kurkuma und gemahlenen Kreuzkümmel zugeben und kurz mitdünsten. 3 Linsen in einem Sieb abspülen und abtropfen lassen. Mit dem Mangold in die Pfanne geben und mit Kokosmilch und Brühe aufgießen. Salzen und pfeffern und ca. 15 Minuten abgedeckt bei mittlerer Hitze kochen. Das Curry mit Salz und etwas Zitronensaft abschmecken. 4 Minze waschen und trocken schütteln. Einige Blättchen zum Garnieren beiseitelegen, den Rest in Streifen schneiden und unter das Curry mischen.

Gemüse-Dinkel-Pfanne

200 g Koch-Dinkel
1 Zwiebel, 300 g Zucchini
1 rote u. 1 gelbe Paprika
125 ml Gemüsebrühe
4 mittelgroße Tomaten
3 EL frischer Thymian
3 EL frische Petersilie
1 TL Paprika, edelsüß
Salz, Pfeffer, Rapsöl
45 Min. Zubereitung

V

1 Dinkel mit 500 ml Wasser (2,5-fache Menge) und einer Prise Salz aufkochen. Mit Deckel für 25 Minuten zum Garziehen ins Bett stellen und gut zudecken, oder ca. 10 Minuten auf kleinster Flamme köcheln lassen. 2 Zwiebel schälen, Zucchini und Paprika waschen und alles fein würfeln. In einer großen Pfanne das Gemüse mit 4 EL Öl kurz anbraten, mit Gemüsebrühe aufgießen und nach Geschmack ca. 10 Minuten köcheln lassen. 3 Unterdessen die Tomaten waschen und in Spalten schneiden. Unter das Gemüse mischen und 3 Minuten weiterdünsten. 4 Kräuter waschen und fein hacken. Mit dem Koch-Dinkel unter das Gemüse heben und mit Paprika, Salz und Pfeffer abschmecken.

Koch-Dinkel ist eine gute Alternative zum weniger klimafreundlichen Reis!

SO LÄSST ES SICH LEBEN

KLIMAFREUNDLICHE = GESUNDE ERNÄHRUNG?

Egal, ob wir uns daran halten oder nicht: Die meisten von uns wissen, was gesunde Ernährung ist. Aber wie sieht es mit einer klimafreundlichen Ernährung aus? Und lässt sich beides unter einen Hut bringen? Oft gilt: Lebensmittel, die gut für die Gesundheit sind, sind auch gut für Umwelt und Klima. Aber nicht immer. Eine kurze Orientierungsreise durch den Supermarkt zeigt die feinen Unterschiede.

Das Gemüseregal

Wer saisonales Obst und Gemüse aus der Region kauft, hat meistens frischere Produkte auf dem Teller, die mehr Mineralstoffe und Vitamine enthalten. Garantiert ist das aber nicht. Saisonales Grünzeug wird nicht in beheizten Gewächshäusern, sondern im Freiland angebaut. Wenn es aus der Region kommt, sind die Transportwege kürzer. Bio-Produkte sind in der Regel weit weniger mit Pestiziden belastet, die mit Gesundheitsproblemen in Verbindung gebracht werden. In der konventionellen Landwirtschaft werden häufig Pestizide eingesetzt, die Äcker und Wasser belasten. Die gesundheitsfördernde Wirkung von Obst und Gemüse aus ökologischem Anbau ist allerdings nicht belegt.

Was tun? Wer Bioprodukte kauft, tut der Umwelt auf jeden Fall etwas Gutes. Auch wenn ihr gesundheitlicher Nutzen nicht nachweisbar höher ist. Wer saisonale Produkte aus der Region kauft, kann sicher sein, sich abwechslungsreich zu ernähren und so Mangel- oder Fehlernährung vorzubeugen.

An der Fleischtheke

Je weniger tierische Produkte – insbesondere Rindfleisch und Milchprodukte – gegessen werden, desto besser ist das für Umwelt und Gesundheit. Bei Menschen, die häufig Fleisch und Milchprodukte essen, steigt das Risiko, an Bluthochdruck, Herzinfarkt, Darmkrebs oder Übergewicht zu erkranken. Die konventionelle

Tierhaltung ist bei der Gabe von Medikamenten, z. B. Antibiotika, großzügiger. Sie können beim Verzehr von Fleisch in den menschlichen Körper gelangen.

Was tun? Ab und zu auf ein Schnitzel verzichten, statt einem Milchshake einen Fruchtsmoothie probieren, mit Margarine statt mit Butter backen – für viele tierische Produkte gibt es durchaus gesunde und umweltfreundliche, pflanzliche Alternativen. Für Tierprodukte gilt: Immer auf Bio-Qualität achten.

Vor der Tiefkühltruhe

Die Herstellung von Tiefgefrorenem erfordert ständige Kühlung, weshalb dafür 4-mal so viel Energie benötigt wird wie für frische Ware. Im Vergleich zu lange gelagertem Obst und Gemüse enthalten die tiefgekühlten Varianten jedoch in der Regel mehr Nährstoffe und sind deshalb gesünder. Ähnliches gilt für Lebensmittel in Gläsern und Dosen.

Was tun? Am besten frische Ware kaufen, z. B. auf dem Wochenmarkt. Und zu Hause frische Lebensmittel so schnell wie möglich verbrauchen, bevor sie ihre Nährstoffe verloren haben.

Am Fischstand

Ernährungswissenschaftler empfehlen, 1- bis 2-mal in der Woche Seefisch zu essen, weil dieser reich an Vitaminen und Spurenelementen ist. Allerdings sind drei Viertel aller natürlichen Fischgründe durch unseren erhöhten Konsum bedroht.

Was tun? Bei Fisch gilt wie bei Fleisch: Klasse statt Masse. Beim Einkauf auf Bio-Qualität oder auf die Empfehlungen der Fischratgeber von WWF und Greenpeace achten und keinen exotischen Frischfisch kaufen, der mit dem Flugzeug zu uns transportiert werden muss.

Auch die „Fischführer“ von Greenpeace und WWF empfehlen Fisch, der ohne schlechtes Gewissen genossen werden kann.

Julia Balz, Adina Herde

Der größte Teil unseres Süßwassers steckt im Eis der Pole, Gletscher und Dauerfrostböden. Weltweit sind nur rund 1 % des Wassers als Trinkwasser nutzbar. Mit den Berggletschern schwinden wichtige Reservoirs. Steigende Meeresspiegel versalzen das Grundwasser der Küstenregionen. In Trockengebieten wie der Sahelzone droht der Klimawandel Nahrungs- und Wasserknappheit weiter zu verschärfen.

Quelle: Hoekstra/Chapagain 2006

VERSTECKTES WASSER

In vielen Ländern der Erde wird das Wasser knapp. Bereits jetzt leben etwa 780 Millionen Menschen ohne Zugang zu sauberem Trinkwasser. Mit der globalen Erwärmung wird sich die Lage noch weiter verschärfen. Sind wir daran schuld, weil wir zu viel Wasser verschwenden? Und was hat unsere Ernährung damit zu tun?

121 Liter Wasser verbraucht der Durchschnittsdeutsche jeden Tag. Davon werden 5 Liter für Trinken und Kochen benutzt und 8 Liter fürs Geschirrspülen. Aber was aus unserem Wasserhahn plätschert, ist nicht das Hauptproblem. Für die Produktion jeder Ware – ganz gleich ob Jeans, Handy, Reiskorn oder Steak – wird viel mehr Wasser benötigt. Der Blick auf die Ware allein, verrät leider nicht, wie viel Wasser hineingeflossen ist. Von diesem sogenannten virtuellen Wasser verbraucht jeder Deutsche ganze 3.900 Liter am Tag.

Weltweit fließen 70 % des verfügbaren Trinkwassers in die Landwirtschaft. Besonders hoch ist der Wassereinsatz für Fleischprodukte, da bereits für die Futtermittelerzeugung viel Wasser benötigt wird.

In einem Kilo Rindfleisch stecken rund 15.000 Liter versteckten Wassers – davon werden nur 155 Liter als Trinkwasser und für die Haltung des Tieres verwendet.

Ein Vollbad für ein Ei

Sicherlich wird für den Anbau von Teepflanzen im regenreichen Assam weniger Wasser benötigt als für den Anbau von Tomaten im trockenen Südspanien. Wie viel Wasser in ein bestimmtes Produkt geflossen ist, kann der Verbraucher kaum abschätzen. Es kann jedoch, ähnlich wie bei den Treibhausgasen, davon ausgegangen werden, dass mit steigendem Verarbeitungsgrad der Produkte auch mehr Wasser verbraucht wird.

Mit strategischem Konsum können wir nicht alle Probleme der Welt lösen – das gilt für Trinkwasser wohl besonders. Unser versteckter Wasserverbrauch ist nur einer von vielen Aspekten im weltweiten Kampf um das kostbare Nass zwischen Regierungen, Großkonzernen und der Zivilbevölkerung.

Jenny Blekker

3.300 l Wasser für 1 kg Hühnereier

DIE RETTER DER TAFELRUNDE

Schrille Fernsehspots wollen uns weismachen, Glück und Gesundheit kämen aus der Tüte. Doch Essen ist mehr als bloße Nahrungsaufnahme. Nicht nur die Werbung der Lebensmittelindustrie – auch die ausführlichste Nährwerttabelle kluger Kochbücher oder raffinierter Ratgeber lassen einen ganz wesentlichen Bestandteil außer Acht: den sozialen und kulturellen Gehalt einer gemeinsamen Mahlzeit. Hochwertige Nahrungsmittel alleine machen weder gesund noch glücklich, wenn Raum und Zeit für gemeinsames Kochen und Essen fehlen. Außerdem können dabei viel Geld und Aufwand sowie jede Menge Energie eingespart werden. Denn es macht einen großen Unterschied, ob jeder sein eigenes Süppchen kocht oder alle gemeinsam genießen.

Keine Zeit für eine Mahlzeit?

Die unzähligen Kochshows im Fernsehen zeigen, dass Essen immer noch von hoher gesellschaftlicher Bedeutung ist. Gleichzeitig wird Essen häufig auf seine primäre Funktion – das Sattwerden – reduziert. Über viele Generationen überlieferte Ess- und Trinkgewohnheiten haben sich im immer schneller werdenden Alltag verändert. Der traditionelle Rhythmus von 3 Hauptmahlzeiten am Tag geht verloren – bewusster Genuss kommt dabei oft zu kurz. Das fängt schon morgens an. Viele Kinder und Erwachsene beginnen den Tag ohne ein richtiges Frühstück. In der Schule und bei der Arbeit sind die Pausen kurz und es reicht meist nur für einen Snack: ein hastig verschlungenes Brötchen oder einen Schokoriegel. Und wer abends müde nach Hause kommt, sitzt nur allzu gerne vor dem Fernseher statt gemeinsam mit anderen am Küchentisch. So wird Essen zum bloßen Beiwerk der Fernsehunterhaltung. Die Zubereitung darf keine wertvolle Zeit mehr kosten. Immer mehr Menschen kochen selten oder gar nicht, essen alleine zu Hause oder gleich auswärts, jede und jeder für sich.

Probier's ma(h)l mit Gemütlichkeit!

Unter ständigem Zeitmangel leidet unsere Fähigkeit zu genießen: Denn Genuss entsteht durch Wertschätzung. Gleichzeitig geht in der

Alltagshektik Gemeinschaft als verbindendes und Identität stiftendes Element verloren. Es heißt nicht ohne Grund: „Essen hält Leib und Seele zusammen." Was können wir also tun, um die „Lebens-Mittel" wieder in den Mittelpunkt unseres Lebens zu stellen?

Zeit ist die wichtigste Zutat! Zeit für die Menschen, die mit uns kochen und genießen, Zeit für die Zubereitung und – ganz wichtig – für die eigentliche Mahlzeit. Essen ist keine Nebenbeschäftigung. Nicht nur zu Weihnachten – auch im Alltag ist ein liebevoll gedeckter Tisch mit vielen Menschen ein kleiner Wellness-Tempel für Leib und Seele.

Initiative für mehr Kochgenuss: Sich einfach mal mit sich selbst zum Kochen verabreden. Es muss ja nicht jeden Tag sein, aber vielleicht an 2 oder 3 festen Tagen in der Woche, die fürs Kochen freigehalten werden.

Gemeinsam isst man weniger allein! Wieder mal groß einladen und für Freunde, Familie oder Kollegen kochen. Wo und wie sonst können alle gleichzeitig etwas unternehmen, entspannen und sich ausgelassen unterhalten?

Kochnischen schaffen: z. B. eine Kochgruppe im Büro gründen – um auch bei der Arbeit in den Genuss von Gemeinschaft und Ruhe zu kommen und das oft klimaunfreundliche Auswärtsessen zu vermeiden.

Genuss kommt von Genosse: Beim Essen werden Werte, Vorstellungen und Geschmacksfragen diskutiert – so manche Revolution wurde beim Essen ausgeheckt, oder eben nicht. Bekanntlich wird ja nicht alles so heiß gegessen, wie es gekocht wird …

Zum Retro-Trendsetter werden: Den Sonntagsbraten wieder zum Kult erheben. Fleisch nur noch sonntags – dann aber anständig (Bio aus der Region) und alle sind eingeladen.

Ökonomie und Ökologie stammen vom gleichen Wort (Oikos, griechisch für Haus) ab, und beim gemeinsamen Kochen kommt beides wieder zusammen: Gemeinschaft ist gut für Haushaltskasse und Klima. Die Zubereitung von Gemeinschaftsportionen schont Ressourcen, spart Kosten und Energie.

Es braucht keine radikalen Ernährungsdogmen, um mit Leib und Seele zu genießen. Ein Kochabend in guter Gesellschaft tut nicht nur garantiert allen Beteiligten gut, sondern auch unserer Umwelt.

Christoph Zinsius

Slow Food®
Deutschland e.V.

Die weltweite Initiative Slow Food hat es sich zur Aufgabe gemacht, die Kultur des Essens und Trinkens zu pflegen und lebendig zu halten. www.slowfood.de

PROBIER´S MAL MIT GEMÜTLICHKEIT!

Nussbraten mit Zwiebelsauce

1 Die Nüsse fein mahlen. Die Zwiebel schälen und fein hacken. In einem Topf mit Öl glasig dünsten. Thymian und Vollkornmehl zugeben und ca. 2 Minuten weitergaren. 250 ml Milch dazugeben und unter Rühren 5 Minuten köcheln lassen. **2** Vom Herd nehmen, Nüsse und Brotkrumen dazugeben und mit Salz und Pfeffer abschmecken. Ei unter die Masse heben und evtl. noch etwas Milch zugeben, sodass eine formbare Masse entsteht. **3** Eine kleine Kastenform (ca. 20 cm) einfetten und mit Semmelbröseln ausstreuen. Die Nussmasse in die Kastenform füllen, die Oberseite des Bratens glatt streichen, locker mit Alufolie abdecken und 45 Minuten im Ofen bei 190 °C (160 °C Umluft) backen. **4** Ca. 15 Minuten vor Ende der Backzeit die Alufolie entfernen, damit der Braten schön braun wird. Den Braten noch 10–15 Minuten im ausgeschalteten Ofen stehen lassen, herausnehmen und mit einemMesser an den Rändern lösen, auf eine Servierplatte stürzen und mit Petersilie garnieren. Vor dem Servieren in Scheiben schneiden. **5** Für die Sauce die Zwiebel schälen und fein hacken. In einem Topf mit Öl 5 Minuten anbraten. Vollkornmehl dazugeben und unter Rühren ca. 5 Minuten weitergaren, bis Mehl und Zwiebeln bräunlich und weich sind. **6** Knoblauch schälen, zerdrücken und dazugeben, dann nach und nach die Gemüsebrühe einrühren. Zum Kochen bringen und ca. 10 Minuten köcheln lassen. Mit Sojasauce und Pfeffer abschmecken, pürieren und zum Braten servieren.

Nussbraten

250 g Haselnüsse od. Walnüsse
1 Zwiebel
2 EL Öl
1 TL Thymian
1 EL Vollkornmehl
250–300 ml Sojamilch
100 g frische Brotkrumen
Salz, Pfeffer
1 Ei
Öl zum Einfetten
Semmelbrösel
Petersilie zum Garnieren

Zwiebelsauce

1 Zwiebel
2 EL Öl
2 EL Vollkornmehl
1 Knoblauchzehe
400 ml Gemüsebrühe
2 EL Sojasauce
Pfeffer

40 Min. Zubereitung

S

Gebackene Petersilien-Kartoffeln

8 mittelgroße, mehligkochende Kartoffeln
1 Bund glatte Petersilie
Öl, Salz, Pfeffer
35 Min. Zubereitung

V S R

1 Die Kartoffeln waschen, abtrocknen und halbieren. Mit der Schnittfläche nach unten auf ein gefettetes Blech legen, mit etwas Öl einpinseln und mit Salz und Pfeffer würzen. Im Backofen etwa 30 Minuten bei 190 °C (160 °C Umluft) backen. **2** Währenddessen die Petersilie waschen, trocken schütteln und fein hacken. Die fertigen Kartoffeln damit bestreuen.

Um Zeit und Energie zu sparen, die Kartoffeln zusammen mit dem Nussbraten im Ofen garen. Einfach nach 30 Minuten dazu hineinschieben und auf der unteren Schiene mitbacken.

Rotkohl mit Rosinen und Himbeeressig

500 g frischer Rotkohl
3 Zweige Thymian
150 ml Apfelsaft
Salz
150 g säuerliche Äpfel
2 EL Rosinen
2 EL Himbeeressig
30 Min. Zubereitung

V S R

1 Den Rotkohl waschen und putzen. Den Kopf vierteln und in feine Streifen schneiden, dabei den Strunk entfernen. Kohlstreifen mit gehacktem Thymian, Apfelsaft und etwas Salz in einen Topf geben. Zugedeckt bei schwacher Hitze in ca. 15 Minuten knapp weich kochen. **2** Die Äpfel waschen, vierteln, entkernen und in dünne Scheiben schneiden. Äpfel und Rosinen unter das Gemüse mischen und ca. 5 Minuten mitdünsten. Das Kraut sollte schön knackig bleiben. **3** Mit Himbeeressig verfeinern und zum Nussbraten servieren.

Wirsingrolle mit Maronen-Tofu-Füllung

8 große Wirsingblätter
1 Zwiebel
200 g Räuchertofu
2 EL Öl
ca. 150 g Möhren
Salz, Pfeffer
200 g gegarte Maronen
40 g Pflanzenmargarine
40 Min. Zubereitung

V S

1 Die Wirsingblätter in reichlich Salzwasser 3–5 Minuten blanchieren und abtropfen lassen. Zwiebel und Tofu grob würfeln und in Öl anbraten. Möhren raspeln, kurz mitbraten und abschmecken. Maronen klein schneiden und 5 Minuten mitdünsten. **2** Die dicken Stiele aus den Wirsingblättern herausschneiden. Je 1 gehäuften EL Füllung mittig auf jedes Kohlblatt setzen. Die durch das Herausschneiden der Stiele entstandenen Blattzipfel darüberklappen, Seiten einschlagen und die Blätter zu einer Roulade aufrollen. **3** In eine gefettete Auflaufform legen, Margarineflöckchen daraufstreuen und die Wirsingrollen auf der mittleren Schiene im Backofen bei 150 °C ca. 20 Minuten garen.

Backhendl mit Wildkräutern

1 Ein Hähnchen zerlegt und filetiert beim Metzger kaufen. Die Hähnchenteile kurz abwaschen, trocken tupfen und mit Salz und Pfeffer würzen. **2** Mehl, verquirltes Ei und Semmelbrösel bereitstellen. Die Semmelbrösel können mit Kräutern gewürzt werden. Die Hähnchenteile zuerst in Mehl, anschließend in Ei und dann in den Bröseln wenden. **3** Öl in einer Pfanne erhitzen und das Hähnchen im schwimmenden Fett von beiden Seiten goldbraun ausbacken. Herausnehmen, abtropfen lassen und mit Zitronensaft beträufeln. **4** Für den Salat die Wiesenkräuter – z. B. Hirtentäschel, Kapuzinerkresse, weißen Löwenzahn, jungen Rucola, Gänseblümchen etc. – verlesen, waschen und trocken schleudern. **5** Die restlichen Zutaten mit einem Schneebesen zu einem cremigen Dressing aufschlagen. Die Wiesenkräuter damit marinieren und zum Backhendl servieren.

Backhendl
1 Hähnchen (ca. 1 kg)
Salz, Pfeffer
Mehl, 1 Ei, Semmelbrösel
500 ml Rapsöl, Zitronensaft

Wildkräutersalat
150 g Wildkräuter
6 EL Olivenöl, 4 EL Balsamico
2 TL Honig, 1/2 TL Senf
Salz, Pfeffer, Zucker
45 Min. Zubereitung

S R E

Zander mit Leipziger Allerlei

Zander

600 g Zanderfilet
Saft von 1 Zitrone
Salz, Pfeffer
1 EL Feigensauce
12 Scheiben Speck

Leipziger Allerlei

75 g getrocknete Morcheln
200 g Kohlrabi
200 g weißer Spargel
200 g Möhren
200 g Blumenkohl
150 g Zuckerschoten
100 g Butter
50 g Mehl
150 ml Brühe
200 ml Sojamilch
Salz, Muskat

45 Min. Zubereitung

S R E

1 Für das Leipziger Allerlei die Morcheln 2 Stunden lang einweichen. Das Gemüse putzen; Kohlrabi, Spargel und Möhren in gleich große Stifte schneiden. Blumenkohl in Röschen teilen. Die einzelnen Gemüse getrennt voneinander in sprudelndem Salzwasser blanchieren. Mit kaltem Wasser abschrecken. **2** Die Butter bei schwacher Hitze in einem Topf zergehen lassen, Mehl dazugeben und mit einem Schneebesen mit der Butter verrühren. Darauf achten, dass sich keine Klümpchen bilden. **3** Bevor die Mehlschwitze zu dunkel wird, mit Brühe ablöschen und die Sojamilch unter ständigem Rühren nach und nach dazugießen. Kurz aufkochen lassen und die fertige Bechamelsauce mit Salz und Muskat abschmecken. **4** Die Zanderfilets waschen, mit Zitronensaft beträufeln, salzen, pfeffern und mit Feigensauce bestreichen. Mit Speck umwickeln und die Filets in einer Pfanne in wenig Öl kurz anbraten. Herausnehmen und im Backofen bei ca. 170 °C in 10–15 Minuten fertig garen. **5** Vor dem Servieren das Gemüse in zerlassener Butter und etwas Brühe schwenken, erhitzen und mit der Bechamelsauce und der Zander-Roulade anrichten.

Der Zander ist ein bei uns heimischer Süßwasserfisch. Einfach beim Fischhändler nach dem Herkunftsland fragen. Am besten sind Fische aus Wildfang oder aus Öko-Aquakultur. Dort ist die Besatzdichte nicht so hoch wie in konventionellen Aquakulturen und es werden keine Antibiotika verwendet.

Rehrücken mit Graupenrisotto

1 Möhren, Lauch, Sellerie und Zwiebeln putzen, gegebenenfalls schälen und in feine Würfel schneiden. Die Pilze putzen und halbieren. **2** Die Pilze in einer Pfanne in etwas Öl anbraten, mit Salz, Pfeffer und Thymian würzen. Aus der Pfanne nehmen. Die Zwiebeln in die Pfanne geben und anschwitzen, die Graupen dazugeben, kurz rösten und mit Brühe ablöschen. Aufkochen und ca. 30 Minuten leicht köcheln lassen. **3** Wenn die Graupen gar sind, den Parmesan, die Soja Cuisine, die gebratenen Pilze und die Petersilie dazugeben. Mit Salz und Pfeffer abschmecken. **4** Den Backofen auf 150 °C vorheizen. Wacholderbeeren zerstoßen und Rosmarin hacken. Den Rehrücken mit Wacholder, Rosmarin, Salz und Pfeffer würzen. In einer Pfanne ca. 2 Minuten von beiden Seiten scharf anbraten. Anschließend ca. 10–15 Minuten (je nach Dicke des Rehfilets) im vorgeheizten Ofen fertig garen. **5** Den Rehrücken in Scheiben schneiden und mit dem Graupenrisotto anrichten.

Graupenrisotto

150 g Möhren
150 g Lauch
150 g Knollensellerie
2 Zwiebeln
300 g Waldpilze (alternativ Brauner Kräuter-Seitling)
2 EL Öl
Salz, Pfeffer
2 Thymianzweige
100 g Graupen
650 ml Gemüsefond
2 EL gehackte Petersilie
100 ml Soja Cuisine
50 g geriebener Parmesan

Rehrücken

1 Rehrücken (küchenfertig ohne Knochen, ca. 600 g)
5 Wacholderbeeren
2 Rosmarinzweige
Salz, Pfeffer

20 Min. Zubereitung
30 Minuten Garzeit

S R

KLIMAWANDEL AUS DER KONSERVE

Ob mit oder ohne Geschmacksverstärker, ob bio oder nicht, ob fett und ungesund oder vitaminerhaltend – Fertigprodukte werden von den einen heiß geliebt, von den anderen verabscheut. Dabei sind sie vor allen Dingen eines: praktisch. Doch hat Bequemlichkeit nicht immer auch einen Preis? Tiefkühlprodukte und konservierte Lebensmittel benötigen, bevor sie im Supermarktregal landen, mehr Energie als frische, saisonale Produkte. So verursacht Obst und Gemüse, das in der Konserve oder der Gefriertruhe landet, etwa dreimal mehr CO_2-Äquivalente als frisch verzehrtes. Werden Tiefkühlprodukte länger als zwei Wochen im heimischen Gefrierfach gelagert, verschlechtert sich ihre Klimabilanz noch zusätzlich.

Die Weltreise einer Fertigpizza

Allgemein lässt sich sagen: Je mehr Verarbeitungsschritte ein Lebensmittel bis zum Verkauf durchläuft, desto mehr Energie benötigt es. Aber was ist, wenn die Verarbeitungsschritte in einer Fabrik denen Zuhause gegenübergestellt werden? Aufgrund der hocheffizienten Zubereitung ist beispielsweise eine Tiefkühlpizza nicht klimaschädlicher als eine selbst zubereitete Pizza. Beide verursachen pro Portion bis zu zwei Kilogramm CO_2. Welche Nebenwirkungen die industrielle Fertigung für Mensch, Tier und Umwelt hat, verrät die Klimabilanz aber nicht.

2008 wurden allein in Deutschland etwa 800 Millionen Tiefkühl-Pizzen verkauft. Welche Zutaten in der Pizza stecken, lässt sich auf der Verpackung nachlesen, woher sie kommen aber nicht. In einer Fertigpizza stecken bis zu 12.000 Transportkilometer und jede Zutat erzählt eine eigene Geschichte. Würde die Pizza in Berlin produziert, hätte der Weizen für das Mehl aus der Ukraine 1.700 km zurückgelegt, die Salami

150 g CO_2 pro kg frisches Gemüse

400 g CO_2 pro kg tiefgekühltes Gemüse

500 g CO_2 pro kg Gemüse aus der Konserve

aus Polen 600 km, der Käse aus Irland 1.800 km und die Gewürze aus der Türkei 5.800 km. Für die Gewürze werden bei konventionellem Anbau viele Pestizide eingesetzt, die Milch für den Käse aus Irland stammt von Hochleistungskühen aus Massentierhaltung, die Salami wurde in Polen produziert, weil die Lohnkosten günstiger sind als bei uns. Aus diesem Grund werden jährlich bis zu 1,5 Millionen Tonnen lebende Schweine und Schweinefleisch aus Deutschland in andere EU-Staaten exportiert. Und das Mehl wird meist von wenigen Großkonzernen produziert, die den Welthandel dominieren und die Preise für die Bauern vorgeben. Auf den Spuren einer Fertigpizza offenbaren sich globale Zusammenhänge unserer Ernährung, die eine reine CO_2-Bilanz nicht erfassen kann. Es lohnt sich also in jedem Fall, die Zutaten selbst in die Hand zu nehmen und frisch zuzubereiten.

Quelle: Hoekstra/Chapagain 2008

TATORT KÜCHE

Der Kühlschrank hat bereits 20 Jahre auf dem Buckel und den Töpfen fehlt der passende Deckel? Wichtige Indizien dafür, dass in der Küche für Klima und Stromrechnung Gefahr im Verzug ist. Einen großen Teil der persönlichen Klimabilanz machen nämlich Küchengeräte aus – und natürlich ihre Handhabung.

Ökostrom von unabhängigen Anbietern: www.atomausstieg-selber-machen.de

Kochen ohne Kohle und Atom!

Wer Ökostrom nutzt, kann die Klimawirkung seiner Elektrogeräte schnell und dauerhaft reduzieren. Genauso wichtig ist es, Energieverschwendung zu stoppen. Das senkt den Bedarf an Kraftwerken und Netzen, spart viel Geld und ist damit eine Grundbedingung für den Erfolg der Energiewende.

Was „frisst" ein Kühlschrank?

Die größten Stromfresser in der Küche sind in vielen Haushalten Kühl- und Gefriergeräte. Oft lohnt sich der Austausch alter Geräte. Ist der Kühlschrank älter als 10 Jahre, rechnet sich eine Neuanschaffung auf jeden Fall. Dabei unbedingt auf die Effizienzklasse achten. Welches Gerät aktuell am besten abschneidet, verrät die Webseite www.ecotopten.de.

Auf ein Eisfach zu verzichten, kann weitere 20 % Strom sparen.

Nicht in der Nähe von Wärmequellen (Herd oder Heizung) sollte nach Möglichkeit auch der „Neue" stehen. Da der Kühlschrank zum Kühlen Wärme nach außen abgibt, muss der Abstand zur Wand groß genug sein und Lüftungsschlitze müssen stets frei gehalten werden.

Eine Kühltemperatur von 7–8 °C reicht völlig aus, um Lebensmittel vor dem schnellen Verfall zu bewahren. Speisen, die kälter gelagert werden müssen, ganz hinten im Kühlschrank deponieren!

Regelmäßig abtauen! Mindestens einmal im Jahr. Mit jedem Millimeter Eisschicht im Gefrierfach steigt der Stromverbrauch.

Platz ausnutzen! Damit nicht nur Luft gekühlt

wird, sollte der Kühlschrank immer zu etwa 2/3 gefüllt sein. Wer das nur mit Mühe schafft, für den ist der „coole Typ“ in der Küche eine Nummer zu groß.

Schnell zurück ins Kalte. Je schneller Lebensmittel wieder zurück in den Kühlschrank wandern, desto weniger müssen sie im Anschluss wieder gekühlt werden.

18 °C in der Küche reichen. Übermäßiges Heizen in der Küche verbraucht nicht nur Energie für Wärme, sondern auch fürs Kühlen.

Kochen mit Herd und Verstand

Der alte Herd ist gerade kaputtgegangen. Soll der neue nun besser ein Gas- oder Elektroherd sein? Beim Backen schneiden in der Regel Umluftöfen am besten ab. Zum Kochen ist ein Gas- oder Induktionsherd am effizientesten. Die zugeführte Wärmemenge kann hier sehr gut reguliert werden. Beim herkömmlichen Elektroherd hingegen sollte bereits einige Minuten vor Koch-Ende die Platte abgestellt werden, um die nachströmende Hitze zu nutzen. Generell gilt:

Der Topfdurchmesser sollte der Größe von Herdplatte und Deckel angepasst sein. So entweicht weniger Hitze und es kann auf kleinerer Stufe gekocht werden.

Schnellkochtöpfe sind empfehlenswert für längere Garzeiten, da sie besonders dicht schließen.

Ein Wasserkocher erhitzt Wasser effizienter und schneller als der Topf auf dem Herd. Beim Kauf darauf achten, dass der Füllstand genau angezeigt wird. So wird immer nur die benötigte Menge Wasser erhitzt.

Sparsam spülen

Für große Geschirrberge nach dem Essen kann, sofern vorhanden, getrost die voll beladene (!) Geschirrspülmaschine benutzt werden. In der Regel ist das umweltfreundlicher und kostengünstiger als das Spülen von Hand. Bei Neuanschaffungen auch hier auf den Stromverbrauch (Energielabel) achten.

Klein, aber oho!

Für alle Küchengeräte gilt: Wenn auch ein kleineres Gerät ausreicht, sollte es benutzt werden! Um ein paar Brötchen aufzubacken, genügt der Toaster. Andererseits verbrauchen viele kleine Geräte auch dann Strom, wenn sie gerade nicht gebraucht werden. Mit einer separat schaltbaren Steckerleiste werden ungewollte Leerlaufverluste zuverlässig verhindert.

Konstantin Bittig, Christian Noll

Noch mehr Tipps zum Stromsparen: www.die-stromspar-initiative.de

Quelle: B.A.U.M. e.V.

Urlaub?! Die ideale Gelegenheit, um Kühl- und Gefriergeräte abzutauen und ihnen eine Auszeit zu gönnen.
Ein moderner Wasserkocher erhitzt direkt und spart so Energie!
Rund 20 % Wärme und Strom gehen verloren, wenn die Herdplatte nur 1–2 cm größer ist als der Topf.
Mal ehrlich: Welche Geräte werden tatsächlich benötigt? Kleingeräte verbrauchen fast 20 % des Stroms im Haushalt.

NICHTS ANBRENNEN LASSEN!

Milchreis im Bett mit Rhabarber-Kompott

1 Den Rhabarber gründlich waschen, schälen und in ca. 2 cm lange Stücke schneiden. In eine Schüssel geben und mit Zucker bestreuen. Sobald der Rhabarber Saft gezogen hat, Vanillemark dazugeben. **2** Den Rhabarber in einem Topf abgedeckt bei schwacher Hitze weich dünsten. Der Rhabarber sollte dabei nicht zerfallen. Das Kompott abkühlen lassen und evtl. noch mit Zucker abschmecken.

3 Die Milch in einem Topf aufkochen. Milchreis, Honig und etwas Salz hineingeben und 5 Minuten köcheln lassen. **4** Den Herd abstellen – beim E-Herd die Restwärme nutzen, bis das Köcheln langsam nachlässt. Den Topf mit Deckel ins Bett stellen und zudecken. Dort bleibt er ca. 30 Minuten, bis der Reis gequollen ist.
5 Anschließend einmal kräftig umrühren und mit Zimt-Zucker bestreuen.

Die Rhabarber-Saison dauert in Deutschland von April bis Ende Juni. Zu Kompott eingekocht und luftdicht in Gläser abgefüllt, hält er sich den ganzen Winter über.

Beim Nassreisanbau entsteht Methan – nach CO_2 das wichtigste Treibhausgas. Wer seinen Milchreis ins Bett packt, kann zumindest bei der Zubereitung das Klima entlasten.

Milchreis

1 l Reis-Drink oder Milch
300 g Reis (für Milchreis)
2 EL Honig
Salz
Zimt-Zucker-Mischung zum Bestreuen

45 Min. Zubereitung

S R

Kompott

1 kg frischer Rhabarber
4 EL Zucker
Mark von 1 Vanilleschote

20 Min. Zubereitung

Sanddorncreme

500 g Quark
8 EL Sanddornsirup
Saft von 1 Zitrone
3 EL Orangenmarmelade
180 ml Eierlikör
(od. Vanillesauce)
12 g Agar-Agar
100 ml Orangensaft
3 Eiweiß, 3 EL Zucker
50 ml Sahne
20 Min. Zubereitung
2 Std. Kühlzeit

R E

1 Quark, Sanddornsirup, Zitronensaft, Marmelade und Eierlikör mischen. Agar-Agar in Orangensaft auflösen, ca. 4 Minuten köcheln lassen und unter die Quarkmasse rühren. **2** Eiweiß mit Zucker steif schlagen und mit der geschlagenen Sahne unter die Quarkmasse heben. Für ca. 2 Stunden in den Kühlschrank stellen, bis die Creme stockt.

Der Sanddornstrauch kommt ursprünglich aus Nepal und wächst auch in Deutschland. Seine orangefarbenen Beeren enthalten viel Vitamin C und B 12, weshalb der Sanddorn auch „Zitrone des Nordens" genannt wird. Der Saft, der im Spätherbst aus den Beeren gewonnen wird, ist Grundlage für Sirup und Likör und Geschmackszusatz zu Saucen. Wichtig zu wissen: Sanddorn verliert seine Inhaltstoffe beim Kochen. Deshalb immer erst am Ende hinzufügen.

Vanillepudding mit Kirschen

500 ml Mandelmilch
1 Vanilleschote
50 g Rohrzucker
Abrieb und Saft von 1 Orange
45 g Speisestärke
ca. 500 g frische Kirschen
1 TL Margarine
25 ml Kirschsaft
20 Min. Zubereitung
2 Stunden Kühlzeit

V S

1 2/3 der Milch mit dem ausgekratzten Vanillemark und der Schote, Zucker und Orangenschale aufkochen. Restliche Milch mit Speisestärke verrühren, dazugießen und 2 Minuten köcheln lassen. Die Vanilleschote herausnehmen. Den Pudding in Schälchen oder Gläser füllen und abkühlen lassen. **2** Die Kirschen halbieren und entsteinen. Die Margarine mit etwas braunem Zucker in einer Pfanne karamellisieren lassen. Die Kirschen dazugeben, mit dem Orangensaft ablöschen. Kirschsaft dazugeben und einkochen lassen. Danach kühl stellen.

Schwedischer Schokokuchen

100 g Pflanzenmargarine
2 Eier, 200 g Zucker
50–100 g pures Kakaopulver (100 %)
1 Msp. Backpulver
200 g Mehl
1 TL Vanillezucker
75 ml Sojamilch
frische Früchte od. Nüsse
40 Min. Zubereitung
20 Min. Backzeit

S

1 Die Margarine in einem Topf zerlassen. Eier mit Zucker schaumig rühren, das Kakaopulver hineinsieben und unterrühren. Mehl, Backpulver und Vanillezucker hineinsieben und gut vermengen. Langsam flüssige Margarine und Sojamilch unterrühren, bis der Teig schön glatt und glänzend ist. **2** Ein Backblech mit Backpapier auslegen und den Teig gleichmäßig darauf verteilen. Mit frischen Birnen, Blaubeeren oder Walnüssen dekorieren. **3** Im vorgeheizten Backofen bei 175 °C auf der mittleren Schiene 20 Minuten backen.

Vanillezucker kann man selber machen: Einfach die ausgeschabten Vanilleschoten in ein Glas mit Zucker stecken, Deckel drauf, ziehen lassen, fertig.

Blaubeer-Muffins

1 Mehl, Zucker und Backpulver in einer großen Schüssel mischen. Die Margarine in kleinen Flocken dazugeben und untermischen, bis die Masse krümelig wird. **2** Sojajoghurt cremig rühren, mit Eiern und Vanillemark verrühren. Eiermasse zu den trockenen Zutaten geben und gut vermengen. Die Blaubeeren vorsichtig unterheben. **3** Den Teig auf 12 Muffinförmchen verteilen und im Backofen bei 200 °C ca. 25 Minuten backen. Zucker und Zimt mischen und die fertigen Muffins damit bestreuen.

Je nach Jahreszeit kann saisonales Obst wie Birnen, Äpfel und frische Beeren verwendet werden.

300 g Mehl
125 g Zucker
2 TL Backpulver
125 g Pflanzenmargarine
200 g Sojajoghurt
2 Eier
Mark von 1 Vanilleschote
250 g frische Blaubeeren
2 EL Zucker, ½ TL Zimt
40 Min. Zubereitung
25 Min. Backzeit

S

Apfel-Beeren-Crumble

1 kg Äpfel
und frische Beeren
150 g Zucker
100 g Haselnüsse
200 g Mehl
100 g Margarine
Zimt, Salz

45 Min. Zubereitung
30–35 Min. Backzeit

V S

1 Die Äpfel waschen, entkernen und in mundgerechte Stücke schneiden. Die Beeren verlesen und waschen. **2** Das Obst mit 100 g Zucker vermischen und in eine feuerfeste, mit Margarine eingestrichene Form füllen. **3** Die Nüsse fein mahlen, mit Mehl, Margarine, 50 g Zucker, Zimt und Salz verkneten. **4** Streusel über dem Obst verteilen und den Crumble im Backofen bei 200 °C ca. 30–35 Minuten backen.

Statt Äpfeln kann man auch Birnen, Aprikosen, Pfirsiche und Pflaumen verwenden. Nur Erdbeeren eignen sich nicht für den Crumble. Dazu schmecken Vanilleeis oder Vanillesauce.

Arme Ritter – Reiche Ritter

8 Scheiben Brot (vom Vortag)
6 EL Marmelade
375 ml (Soja-)Milch
1 EL Zucker
Mark von 1 Vanilleschote
4 Eier
Schale von 1 Zitrone
Salz, 100 g Semmelbrösel
100 g Pflanzenmargarine
Zucker, Zimt

15 Min. Zubereitung

R

1 4 Scheiben Brot mit Marmelade bestreichen, die restlichen Brotscheiben darauflegen. Milch, Zucker, Vanillemark, Eier, Zitronenschale und Salz mit einem Schneebesen verrühren. Brote hineinlegen und kurz mit Ei vollsaugen lassen. In Semmelbröseln wenden. **2** Margarine in einer Pfanne erhitzen und die „Armen Ritter“ von beiden Seiten ca. 3 Minuten knusprig ausbacken. **3** Mit Zimt und Zucker bestreuen und servieren. Dazu schmeckt am besten ein Frucht-Kompott, z. B. das Rhabarber-Kompott von S. 96.

Die wohl leckerste Verwertung von altbackenem Brot. Der Name stammt wahrscheinlich daher, dass sich arme Ritter früher kein Fleisch leisten konnten und eine nahrhafte Alternative erfinden mussten. Die ist nicht nur lecker, sondern auch ein Klassiker in vielen Ländern der Welt.

Brandenburgische Hefeplinsen

25 g frische Hefe
500 ml Milch od. Sojamilch
250 g Mehl
2 Eier
50 g Zucker
Salz
1 EL flüssige Butter od. Pflanzenmargarine
Pflanzenöl zum Ausbacken
Zimt-Zucker zum Bestreuen
Pflaumenmus od. Marmelade

30 Min. Zubereitung

R

1 Etwas Milch leicht erwärmen und die Hefe darin auflösen, mit Mehl, Milch, Eiern, Zucker, Salz und Butter in einer Schlüssel verrühren, bis der Teig zäh wird und Blasen wirft. Zugedeckt an einen warmen Platz stellen und mind. 20 Minuten gehen lassen. **2** Öl in einer beschichteten Pfanne mit Deckel leicht erhitzen und die Plinsen darin auf beiden Seiten hellbraun ausbacken. Im Backofen (bei 50 °C) warm stellen, bis alle fertig sind. **3** Die Plinsen mit Zimt-Zucker bestreuen und mit Pflaumenmus oder Marmelade servieren.

Für eine salzige Variante der Plinsen den Zucker weglassen und stattdessen fein geschnittenen Schnittlauch und Zwiebelwürfel unter den Teig mischen.

Hefeplinsen sind in Brandenburg und Mecklenburg ein beliebter Nachtisch. Im Original wird Buttermilch für den Teig verwendet und Schmalz zum Ausbacken.

Bei vielen Rezepten in diesem Buch können Milchprodukte und Eier durch vegane Alternativen ausgetauscht werden. Wo wir der Meinung waren, dass Sojamilch, Sojamehl und Pflanzenmargarine den Geschmack zu sehr verfälschen, haben wir darauf verzichtet. Plinsen z. B. schmecken auch ohne Buttermilch und Schmalz sehr gut. Mit Sojamilch und Pflanzenmargarine sowie Sojamehl statt Ei (1 Ei = 1 EL Sojamehl + 2 EL Wasser) gelingen sie zwar auch, schmecken aber längst nicht so gut wie das Original.

Bruschetta

3 Tomaten
1 Knoblauchzehe
1 kleine Zwiebel
frisches Basilikum
1 EL Olivenöl
Salz, Pfeffer
8 Scheiben Brot
15 Min. Zubereitung

V

1 Die Tomaten waschen, entkernen und würfeln. Knoblauch und Zwiebel schälen und fein würfeln. Basilikum waschen, Blättchen abzupfen und in Streifen schneiden. Alle Zutaten vermischen und mit Öl, Salz und Pfeffer abschmecken. **2** Brotscheiben in einer Pfanne ohne Öl oder im Toaster anrösten, die marinierten Tomaten daraufgeben und die Bruschetta noch warm servieren.

Ursprünglich wurde das frisch geröstete Brot als Arme-Leute-Essen noch warm mit einer halbierten Knoblauchzehe eingerieben, mit Olivenöl beträufelt, leicht gesalzen und gepfeffert.

Frisch gebackenes Dinkelbrot

1 Die Hefe in etwas lauwarmem Wasser auflösen. Mehl in eine Schüssel geben, die aufgelöste Hefe und das Wasser zugeben. Kurz umrühren und 10 Minuten ruhen lassen. **2** Salz und Samen dazugeben und den Teig 3 Minuten kneten. Da der Teig feucht und klebrig ist, lässt er sich auch mit dem Knethaken der Küchenmaschine verarbeiten. **3** Teig in eine mit Backpapier ausgelegte Kastenform füllen und glatt streichen. Im nicht vorgeheizten Backofen bei 250 °C ca. 1 Stunde backen. Wenn das Brot beim Daraufklopfen mit einem Holzlöffel hohl klingt, ist es fertig.

1 Würfel Hefe
650 g Dinkelvollkornmehl
600 ml Wasser
3 TL Salz
50 g Sonnenblumenkerne
50 g Leinsamen
15 Min. Zubereitung
60 Min. Backzeit

V R

Diese alte Getreidesorte ist besser an das hiesige Klima angepasst und kommt nahezu ohne Dünger und Pestizide aus. Traditionell wird ein Teil des Getreides vor der Reife grün geerntet. So findet sich Dinkel als Grünkern in der regionalen Küche in Suppen oder Küchlein wieder.

SÜSSER NACHGESCHMACK

Birnenmousse mit Holunder-Sabayon

1 Die geschälten und entkernten Früchte in Weißwein und Wasser mit Zucker und Zimt kurz aufkochen und zugedeckt ca. 10–15 Minuten ziehen lassen. **2** Die weichen Früchte durch ein Sieb streichen. **3** Agar-Agar im warmen Wasserbad auflösen, unter das Birnenpüree mischen und kalt stellen. **4** Sobald die Masse zu stocken beginnt (nach ca. 10 Minuten), die geschlagene Sahne unterheben und mit Birnengeist und evtl. Zucker abschmecken. **5** Kurz vor dem Servieren Eigelbe, Zucker, Wein und Holunderbeersaft über dem warmen Wasserbad schaumig schlagen, danach über einem kalten Wasserbad kalt schlagen **6** Cassis unterrühren und die Birnenmousse mit Sabayon servieren.

Gelatine wird aus dem Bindegewebe von Rindern und Schweinen hergestellt und besteht somit zu fast 90 % aus tierischem Eiweiß (Kollagen). Pflanzliche Bindemittel wie Agar-Agar (aus Algen) und Apfelpektin haben die gleiche Wirkung und sind, nicht nur für Vegetarier, die bessere Alternative.

Tipp: Das übrig gebliebene Eiweiß lässt sich gut einfrieren. Einfach in einen Gefrierbeutel füllen und die Menge darauf schreiben. Eiweiß ist bei -18 °C 10–12 Monate haltbar. Später ganz normal weiter verarbeiten. Vor dem Verzehr sollte das Eiweiß ausreichend erhitzt werden.

Birnenmus

600 g Birnen
100 ml Wasser
100 ml Weißwein
1 Stange Zimt
6 g Agar-Agar
40 ml Birnengeist od. -saft
200 ml Sahne
Zucker

35 Min. Zubereitung

S **E**

Sabayon

100 ml Weißwein od. weißer Traubensaft
100 ml Holunderbeersaft (Reformhaus)
80 ml Crème de Cassis
8 Eigelb
60 g Zucker

Süßes Zucchini-Walnuss Brot

180 g Mehl,
1 TL Backpulver, ½ TL Natron
½ TL Salz, 1 TL Zimt
½ TL Muskatnuss
1 Zucchini (ca. 250 g)
2 Eier oder Ei-Ersatzpulver
150 g Zucker
100 ml Pflanzenöl
60 g gehackte Walnüsse
½ TL Zitronenabrieb
15 Min. Zubereitung
50 Min Backzeit

V S

1 Den Backofen auf 180 °C vorheizen. Mehl, Backpulver und Natron zusammen mit Salz, Zimt und Muskatnuss in eine Rührschüssel geben und gut vermischen. Die Zucchini grob raspeln. **2** In einer weiteren Schüssel Zucker und Öl verschlagen und anschließend die Eier untermischen. Dann die geraspelte Zucchini und die abgeriebene Zitronenschale unterrühren. Zum Schluss die Mehlmischung und die Walnüsse dazugeben und alles gut miteinander verrühren. **3** Den Teig in eine gefettete Kastenform geben und im vorgeheizten Backofen ca. 50 Minuten auf der mittleren Schiene backen. Garprobe mit einem Zahnstocher machen, wenn kein Teig mehr daran hängen bleibt, ist der Kuchen fertig.

Marillenknödel

500 g mehligkochende Kartoffeln
50 g Pflanzenmargarine
50 g Weizengrieß
½ TL Salz, 1 Ei
100 g Mehl
8 Aprikosen
Pflanzenmargarine
Semmelbrösel
Zimt, Zucker
45 Min. Zubereitung

S R

1 Die Pellkartoffeln am besten am Vortag kochen, schälen, durch eine Kartoffelpresse drücken und erkalten lassen. Margarine, Grieß, Salz, Ei und Mehl mit der kalten Kartoffelmasse zu einem glatten Teig verkneten. Sollte der Teig zu weich und klebrig sein, noch etwas Mehl hinzufügen. **2** Teig auf einer bemehlten Arbeitsfläche etwa 5 mm dick ausrollen und in 8 Quadrate schneiden. **3** Früchte waschen und entsteinen. Je 1 Aprikose in die Mitte der Quadrate legen, die Seiten nach oben drücken und in der offenen Hand zu runden Knödeln rollen. **4** Die Knödel in leicht köchelndes Wasser geben und ca. 10–15 Minuten gar ziehen lassen. Die Semmelbrösel mit der Margarine in einer Pfanne goldbraun anschwitzen und die heißen Knödel in der Panade wälzen. Mit Zimtzucker servieren.

Schoko-Chili-Mousse

1–2 Chilischoten
1 Packung Soja-Schlagcreme (300 ml)
2 Tafeln Schokolade à 100 g (70 % Kakao)
1 Schuss Rum

20 Min. Zubereitung
mind. 2 Std. Kühlzeit

V

1 Die Chilischoten entkernen. Mit einem kleinen Messer das Mark herausfiletieren und sehr fein hacken. **2** Die Sojacreme steif schlagen und die Schokolade über dem Wasserbad schmelzen. Etwas abkühlen lassen und noch flüssig unter die Sojecreme heben. Mit einem Schuss Rum und so viel Chili wie gewünscht abschmecken. **3** Die Mousse abgedeckt für einige Stunden – am besten über Nacht – kalt stellen.

Veganes Tiramisu

1 Die Margarine in einem Topf zerlassen. Mit Tofu, Sahne, Amaretto, Orangensaft, Salz und 7 EL Zucker in einer Schüssel vermischen und pürieren. **2** Espresso kochen und noch warm mit 1 EL Zucker verrühren. Kekse bzw. Zwieback damit tränken. Den Boden einer Auflaufform mit einer Schicht Kekse (wenn möglich vegan) auslegen und einen Teil der Creme darauf verteilen. Den Schichtvorgang zweimal wiederholen, mit einer Schicht Creme abschließen. **3** Das Tiramisu abgedeckt mind. 3 Stunden kühl stellen. Am besten aber über Nacht ziehen lassen. Vor dem Servieren Kakao darübersieben.

Für Desserts, zum Verfeinern von Saucen und als klimafreundliche, kalorienarme Alternative zu Sahne sind sogenannte Soja- und Hafercuisines gut geeignet. Beide sind laktose- und cholesterinfrei. Allerdings lassen sie sich nicht cremig aufschlagen. Dazu gibt es spezielle Bio-Schlagcremes aus Soja.

250 g Pflanzenmargarine
200 g Tofu
300 ml Soja- od. Hafersahne
80 ml Amaretto
40 ml Orangensaft
1 Prise Salz
8 EL Roh-Rohrzucker
1 Packung Kekse od. Zwieback
200 ml Espresso
Kakaopulver

25 Min. Zubereitung
mind. 3 Std. Kühlzeit

V

Der Duft von Quittengelee, ein selbst gemachter, heißer und tiefroter Holunderpunsch im Winter oder ein selbst gemixtes Wildkräuterpesto sind Genuss pur. Die Apfelschnitzel trocknen über dem Kachelofen und die eingelegten Heckenfrüchte sehen einfach gigantisch aus, wie sie sich auf der Fensterbank lümmeln und lässig Aroma ziehen. Essbare Blüten suhlen sich im Zucker und lassen auch im Winter einen Hauch der vergangenen Sommerfrische erahnen, wenn die Kornblumen mit den Ringelblumen um die Wette über den Pudding laufen.

LIEBE AUS DEM EINMACHGLAS

Einmachen macht an!

Natürlich ist es wenig energiesparend, „frisch" im Laden gekauftes Obst und Gemüse einzumachen. Industriebetriebe erledigen das energiesparender und vitaminschonender. Das traditionelle Haltbarmachen von Kräutern, Früchten und Blüten mit Essig, Salz, Öl und Zucker schlägt hingegen die moderne Technik in Sachen Energieeffizienz. Einkochen kann bei Resten oder saisonalem Obst und Gemüse, das auch im Winter vernascht werden will, durchaus sinnvoll sein.

Sinnlich ist es allemal, denn der wichtigste Grund, weshalb selbst Eingemachtes wieder im Kommen ist, liegt wohl in der Entdeckung, wie viel Herz und Seele in ein Einmachglas passen. Kein gekauftes Produkt – egal wie klimafreundlich es hergestellt wurde – kann dieses Gefühl ersetzen. Wem es so gelingt, ein verantwortungsvolles Verhältnis zu Lebensmitteln zu gewinnen, der wird in Zukunft lieber kulinarisch kreativ statt entsorgungstechnisch aktiv. Und: Bei selbst gemachten Konserven weiß man, was man hat! Künstliche Aromen und Konservierungsstoffe jedenfalls nicht. Wissenshungrig geworden? Einfach mal Tante Irmgard oder den Händler vom Wochenmarkt fragen. Die kennen viele coole Tricks.

Wild und klimafreundlich

Giersch, Knoblauchrauke und anderes „Unkraut" aus der freien Natur sind die wohl klimafreundlichsten Zutaten überhaupt. Wildkräutern sind Lkw-Kilometer, Kunstdünger und Gewächshaus fremd. Konserviert oder frisch eröffnen sie ganz neue Geschmacksdimensionen. Ein wenig Kräuterkunde vorab schützt vor unangenehmen Verwechslungen.

Birgit Eschenlohr, Boris Demrovski, Christian Noll

Tolle Rezepte und Tipps zu Wildkräutern verraten der BUND-Rundbrief 01/09 auf www.bund-bawue.de/rundbriefe und die Webseite wildkräuterküche.de

DEN MÜLLBERG ZUM SCHMELZEN BRINGEN

Jedes achte Lebensmittel, das wir kaufen, werfen wir weg. Lebensmittel im Müll? Das können und dürfen wir uns nicht leisten! Im Schnitt wirft jeder von uns pro Jahr 82 Kilogramm Lebensmittel weg – hochgerechnet sind das Lebensmittel im Wert von rund 230 Euro. Ihre Erzeugung und Entsorgung belasten unser Klima vollkommen unnötig und verschwenden wertvolle Ressourcen – auch deshalb, weil wir beim Einkaufen falsch oder gar nicht planen und Lebensmittel leichtfertig verderben lassen.

Praktische Tipps für weniger Lebensmittel im Müll gibt's bei lovefoodhatewaste.com

Am nachhaltigsten ist es, nur Lebensmittel zu kaufen, die tatsächlich gegessen werden, denn wenn weniger verschwendet wird, muss auch weniger produziert werden. Der gute alte Einkaufszettel entlastet Klima und Geldbeutel, dafür ist dann das eine oder andere Bio-Lebensmittel mehr drin. Der regelmäßige Blick in den Kühlschrank hilft beim Planen und bewahrt vergessene Speisen vor dem Verderb. Der lässt sich auch durch die richtige Lagerung verzögern. Ein Beispiel: Apfel verströmen auch im Kühlschrank das Gas Ethen, wodurch benachbarte Früchte schneller reifen und matschig werden. In getrennten Boxen aufbewahrt, können Obst und Gemüse vor dem vorzeitigen Verfall geschützt werden. Übrigens: Mit Ablauf des Mindesthaltbarkeitsdatums ist ein Lebensmittel nicht automatisch schlecht und muss entsorgt werden. Vielmehr sollte dann die Qualität des Lebensmittels vor dem Verzehr genauer geprüft werden. Auf den eigenen Geruchs- und Geschmackssinn vertrauen, reicht hier in der Regel aus. Bei leicht verderblichen Produkten wie rohem Fleisch und Fisch gilt es jedoch, das Verbrauchsdatum genau zu beachten.

Mehr auf Äußerlichkeiten achten!

Werden Wertstoffe nicht recycelt, sondern verbrannt, gehen die Rohstoffe für immer verloren. Vermeiden ist natürlich besser. Besonders klimaschädlich sind Verpackungen aus Aluminium und Schaumstoffschalen. Auch deswegen gilt es, frische und wenig verarbeitete und verpackte Zutaten einzukaufen. Am allerbesten ist der Einkauf von Obst und Gemüse aus der Region, die unverpackt im Bioladen oder auf dem Markt angeboten werden. Produkte wie Joghurt benötigen natürlich eine schützende Verpackung. Hier sind Mehrweggläser deutlich klimafreundlicher als Joghurtbecher aus Plastik.

Das gilt auch bei Getränken. Aber Vorsicht: Echte Mehrwegflaschen sind entweder aus stabilem Plastik oder aus Glas gefertigt. Dosen und leichte Plastikflaschen vom Discounter werden nicht wiederverwendet. Eine eigentlich überflüssige Klimabelastung sind allerdings Wasserflaschen – besonders, wenn sie aus Frankreich oder von noch weiter her kommen. Leitungswasser ist bestes Trinkwasser, denn Leitungswasser ist das am häufigsten kontrollierte und sicherste Lebensmittel in Deutschland und lässt sich ohne Bedenken trinken. Dazu kommt es unverpackt aus der Wand und ist unschlagbar günstig. Noch ein nützlicher Tipp für den Einkauf: Rucksack und Stoffbeutel vermeiden durchschnittlich 71 Plastiktüten pro Person und Jahr!

Trennungsgründe gibt's genug

Die graue Tonne ist nach wie vor eine Sackgasse. Seit 2005 müssen Abfalle verbrannt oder vorbehandelt auf Deponien abgelagert werden. Das reduziert zwar klimabelastende Deponiegase, macht Mülltrennung aber nach wie vor nicht überflüssig. Papier, Dosen, Plastik und Einwegflaschen können größtenteils recycelt werden, wenn sie in der richtigen Tonne landen. Obst- und Gemüseabfälle können entweder auf dem hauseigenen Komposthaufen oder in der Biotonne entsorgt werden. Wer keinen Kompost hat und wem die Biotonne stinkt, der kann es mit einer Wurmkiste versuchen! Die fleißigen Fresser machen aus den Küchenabfällen fruchtbaren Humus für die Gemüseplantage auf dem Balkon.

Tine Scheffelmeier, Astrid Weber

Die Wurmkiste gibt's günstig beim gemeinnützigen Verein Nutzmüll e. V. www.nutzmuell.de

Viele nützliche Infos gegen die Verschwendung von Lebensmitteln gibt es auf www.zugutfuerdie-tonne.de

SAISONTABELLE

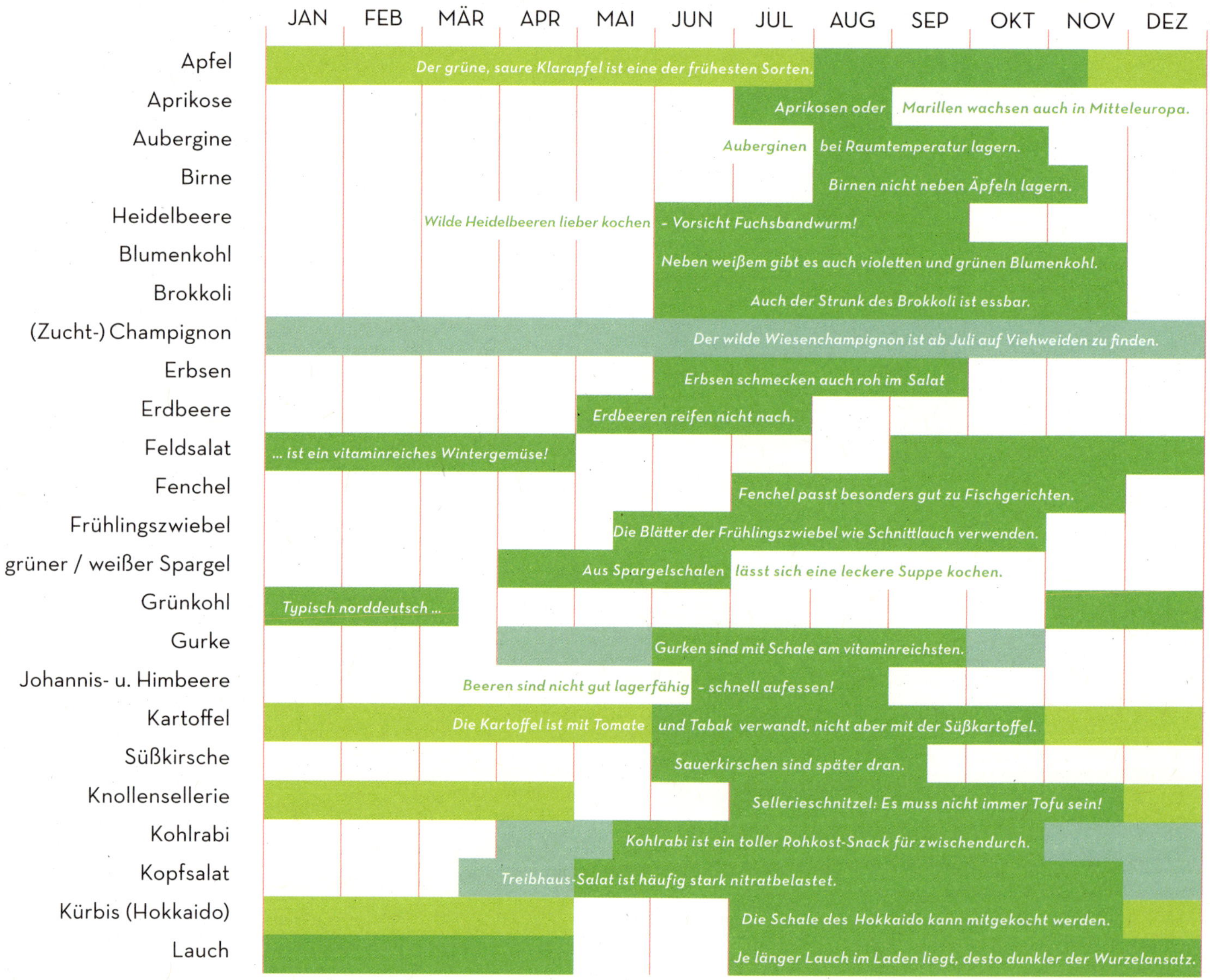

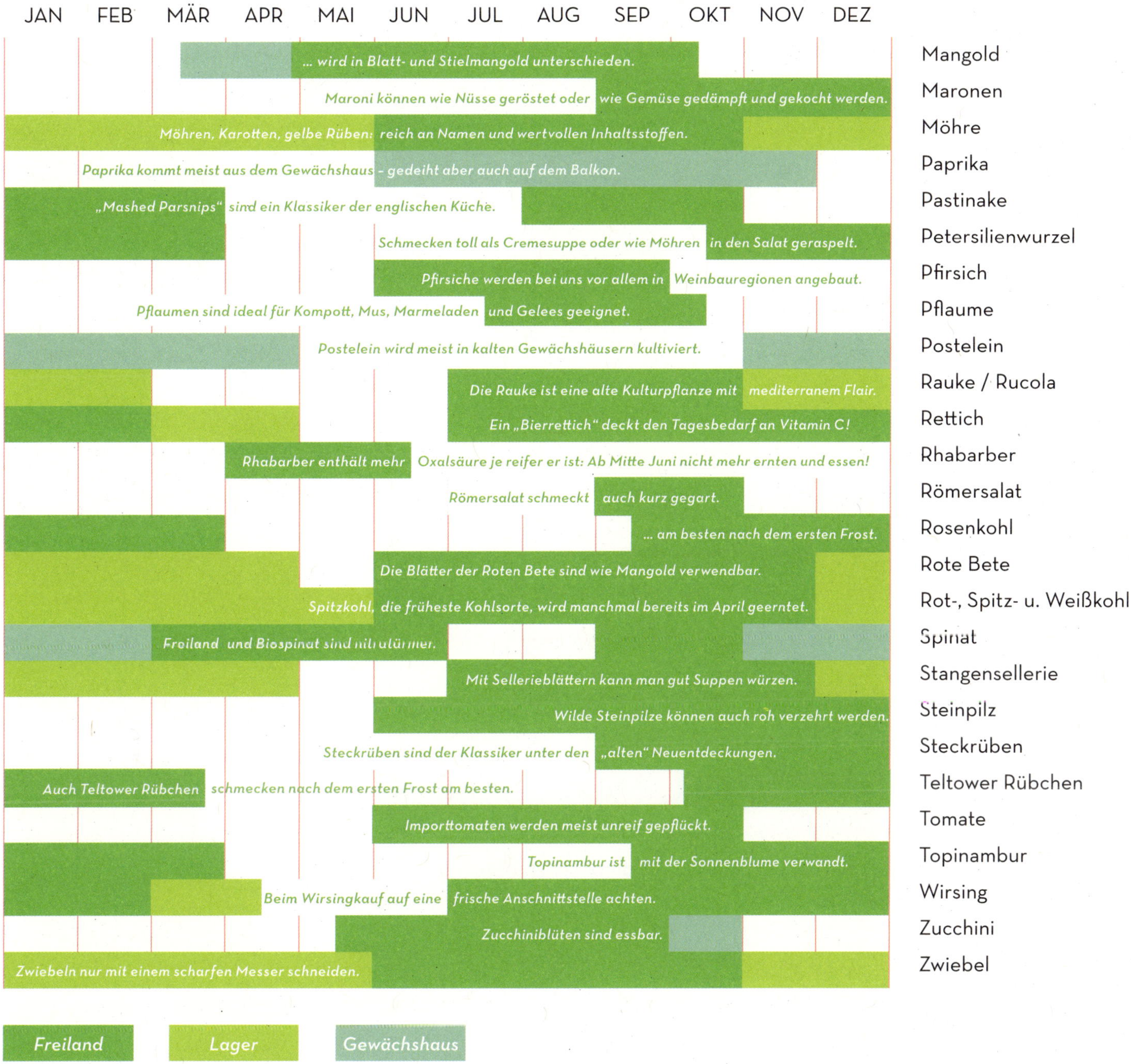
JAN
FEB
MÄR
APR
MAI
JUN
JUL
AUG
SEP
OKT
NOV
DEZ
... wird in Blatt- und Stielmangold unterschieden.
Maroni können wie Nüsse geröstet oder wie Gemüse gedämpft und gekocht werden.
Möhren, Karotten, gelbe Rüben: reich an Namen und wertvollen Inhaltsstoffen.
Paprika kommt meist aus dem Gewächshaus - gedeiht aber auch auf dem Balkon.
„Mashed Parsnips“ sind ein Klassiker der englischen Küche.
Schmecken toll als Cremesuppe oder wie Möhren in den Salat geraspelt.
Pfirsiche werden bei uns vor allem in Weinbauregionen angebaut.
Pflaumen sind ideal für Kompott, Mus, Marmeladen und Gelees geeignet.
Postelein wird meist in kalten Gewächshäusern kultiviert.
Die Rauke ist eine alte Kulturpflanze mit mediterranem Flair.
Ein „Bierrettich“ deckt den Tagesbedarf an Vitamin C!
Rhabarber enthält mehr Oxalsäure je reifer er ist: Ab Mitte Juni nicht mehr ernten und essen!
Römersalat schmeckt auch kurz gegart.
... am besten nach dem ersten Frost.
Die Blätter der Roten Bete sind wie Mangold verwendbar.
Spitzkohl, die früheste Kohlsorte, wird manchmal bereits im April geerntet.
Freiland und Biospinat sind nitratärmer.
Mit Sellerieblättern kann man gut Suppen würzen.
Wilde Steinpilze können auch roh verzehrt werden.
Steckrüben sind der Klassiker unter den „alten“ Neuentdeckungen.
Auch Teltower Rübchen schmecken nach dem ersten Frost am besten.
Importtomaten werden meist unreif gepflückt.
Topinambur ist mit der Sonnenblume verwandt.
Beim Wirsingkauf auf eine frische Anschnittstelle achten.
Zucchiniblüten sind essbar.
Zwiebeln nur mit einem scharfen Messer schneiden.
Mangold
Maronen
Möhre
Paprika
Pastinake
Petersilienwurzel
Pfirsich
Pflaume
Postelein
Rauke / Rucola
Rettich
Rhabarber
Römersalat
Rosenkohl
Rote Bete
Rot-, Spitz- u. Weißkohl
Spinat
Stangensellerie
Steinpilz
Steckrüben
Teltower Rübchen
Tomate
Topinambur
Wirsing
Zucchini
Zwiebel
Freiland
Lager
Gewächshaus

NACHSCHLAG FÜR WISSENSHUNGRIGE

KLIMAWANDEL

Der Klimawandel, Stefan Rahmstorf und Hans Joachim Schellnhuber, C. H. Beck 2012 // Schlusskonferenz: Geschichte und Zukunft der Klimadiplomatie, Nick Reimer, Oekom Verlag 2015 // Klimafakten, Sven Plöger und Frank Böttcher, Westend 2013 // Not für die Welt: Ernährung im Zeitalter der Globalisierung, Brockhaus Perspektiv, Wissenmedia 2012

CO_2 AUF DEM TELLER

Nachhaltig kochen! Die Kosten unterschiedlicher Ernährungsstile. Ein politisches Kochbuch, Öko-Institut, 2014 // Nachhaltig genießen: Rezeptbuch für unsere Zukunft, Karl von Koerber und Hubert Hohler, TRIAS 2012 // Rezepte für die Zukunft, Susanne Pretterebner, Becker Joest Volk Verlag 2015

ÖKOLOGISCHE LANDWIRTSCHAFT

Fleischatlas 2014, Heinrich-Böll-Stiftung und BUND // Das große Fressen. Wie unsere Ernährungsgewohnheiten den Planeten gefährden, WWF 2015 // Der kritische Agrarbericht 2015, AbL Bauernblatt Verlags-GmbH // FOOD CRASH: Wir werden uns ökologisch ernähren oder gar nicht mehr, Felix zu Löwenstein, Pattloch 2011

NOCH MEHR REZEPTE …

Das Ox-Kochbuch, Band 1 bis 5, Ventil Verlag 2012–2013 // Taste the Waste: Rezepte und Ideen für Essensretter, Valentin Thurn und Gundula Christiane Oertel, Kiepenheuer & Witsch 2012 // SlowFood Genussführer Deutschland 2015, Oekom Verlag 2014 // Restlos! Clever kochen mit Resten, Hildegard Möller, Kosmos Verlag 2014 // Mein veganer Adventskalender, Franzi Schädel, Kosmos Verlag 2015 //Selbst angebaut: Supereinfach Gemüse anbauen und superlecker kochen, Marian Flint, Edel 2013 // Biokisten Kochbuch, Cornelia Schinharl, Kosmos Verlag 2010

REZEPTREGISTER

AKTEURE

Herausgeber
Julia Balz, Jenny Blekker, Boris Demrovski, Judith Keller, Christian Noll, Christoph Zinsius

Weitere Autorinnen und Autoren
Konstantin Bittig, Birgit Eschenlohr, Claudia Grötschel, Adina Herde, Karl von Koerber, Jennifer Noll, Astrid Weber, Martina Schäfer, Tine Scheffelmeier

Rezepte
Sarah Abramjuk, Julia Balz, Jenny Blekker, Boris Demrovski, Einhorn Catering, Helga Feyen, Stephan Grötschel, Karl von Koerber, Jan Lohr, Erasmus Müller, Sarah Mummert, Christian Noll, Mario Ruckh, Christoph Zinsius

DANKE

Besonderer Dank gilt der BUNDjugend, die dieses Projekt in der ersten Auflage möglich gemacht hat, Ulrike Eberle für die Emissionsberechnungen auf Seite 32/33 und die Durchsicht der Texte. Karl von Koerber und Einhorn Catering für die fachliche Unterstützung, der Hobby Schult Technik GmbH für die Bereitstellung der Miniaturen und Obstschnitzen.de für die wunderbar geschnitzten Blüten! Allen Mitwirkenden für ihre Begeisterung und Geduld bei der Arbeit an diesem Buch.

IMPRESSUM

Umschlaggestaltung von Judith Keller, Berlin
unter Verwendung eines Fotos von Meike Bergmann & Judith Keller

Mit 37 Farbfotos von Meike Bergmann & Judith Keller

Rezepte, Geling-Tipps, Infos zum KOSMOS-Kochbuch-Programm und vieles mehr unter **kosmos.de/kochen**

Unser gesamtes Programm finden Sie unter **kosmos.de**. Über Neuigkeiten informieren Sie regelmäßig unsere Newsletter, einfach anmelden unter **kosmos.de/newsletter**

Gedruckt auf chlorfrei gebleichtem Papier
Diese Publikation wurde klimaneutral gedruckt. Alle beim Druck und der Papierherstellung entstandenen CO_2-Emissionen wurden neutralisiert.

ISBN 978-3-440-15174-7
Gestaltungskonzept und Layout: Judith Keller
Fotografie: Meike Bergmann & Judith Keller
Foodfotografie: Meike Bergmann
Assistenz Foodfotografie / Styling: Katja Zimmermann
Foodproduktion / Foodstyling: Jan Lohr
Produktion: Eva Schmidt
Printed in Italy / Imprimé en Italie

FSC www.fsc.org MIX Papier aus verantwortungsvollen Quellen FSC® C023164

klimaneutral natureOffice.com | IT-213-899592 gedruckt

Unser Rezept für ein besseres Klima:

- Eine große Portion verantwortungsvoller und zukunftsorientierter Unternehmer
- Eine Handvoll Politiker, die resolut auf Klimaschutz setzen
- Ein Pfund Ideen (frisch!)
- Je eine Prise Engagement, Konsequenz und Mut

Unternehmer und Politiker mit frischen Ideen mischen.
Dabei reichlich Engagement und Konsequenz einfließen lassen und mit einer Prise Mut abschmecken.
Mit Innovation garnieren.

(Kann auch kalt serviert werden.)

Stiftung 2°
Deutsche Unternehmer für Klimaschutz

VOR DEM ESSEN,
NACH DEM ESSEN,
ENERGIESPAREN
NICHT VERGESSEN!

GUTEN APPETIT!

WÜNSCHT DIE

DENEFF

DEUTSCHE
UNTERNEHMENSINITIATIVE
ENERGIEEFFIZIENZ

T

T
H